LET'S LOOK AT
AIRCRAFT

Andrew Langley

Reading Consultant
Diana Bentley
University of Reading

Artist
Peter Bull

The Bookwright Press
New York · 1989

Let's Look At

Aircraft
Big Cats
Bikes and Motorcycles
Castles
Circuses
Colors
Dinosaurs
Farming
Horses
Outer Space
Rain
The Seasons
Sharks
Sunshine
Tractors
Trains
Trucks
Volcanoes

First published in the United States in 1989 by
The Bookwright Press
387 Park Avenue South,
New York, NY 10016

First published in 1989 by
Wayland (Publishers) Ltd
61 Western Road, Hove,
East Sussex BN3 1JD, England

Library of Congress Cataloging-in-Publication Data
Langley, Andrew.
Aircraft/by Andrew Langley.
p. cm. – (Let's look at)
Bibliography: p.
Includes index.
Summary: Briefly describes the history and different types of aircraft.
ISBN 0–531–18278–9
1. Airplanes – Juvenile literature. [1. Airplanes.]
I. Title. II. Series: Let's look at (New York, N.Y.)
TL547.L42 1989
629.133 – dc 19 88–28783
CIP
AC

Phototypeset by Kalligraphics Ltd, Horley, Surrey
Printed by Casterman, S.A., Belgium

Words printed in **bold** are explained in the glossary

Contents

Into the air

For thousands of years, people have wanted to fly like birds, but it is only in this century that they have succeeded. Air travel is now the most important kind of transportation in the world.

Today's airplanes are much bigger and faster than any bird! Some are huge enough to carry hundreds of passengers or many tons of cargo. Smaller jet **combat planes** can fly faster than the speed of sound, and helicopters can land on and take off from very small spaces, or even **hover** in mid-air.

How an airplane works

This is a modern passenger airplane. The passengers sit in the main body, called the **fuselage**. The pilots control the airplane from the flight deck in front. They move flaps on the wings and **tailplane** to change the airplane's direction.

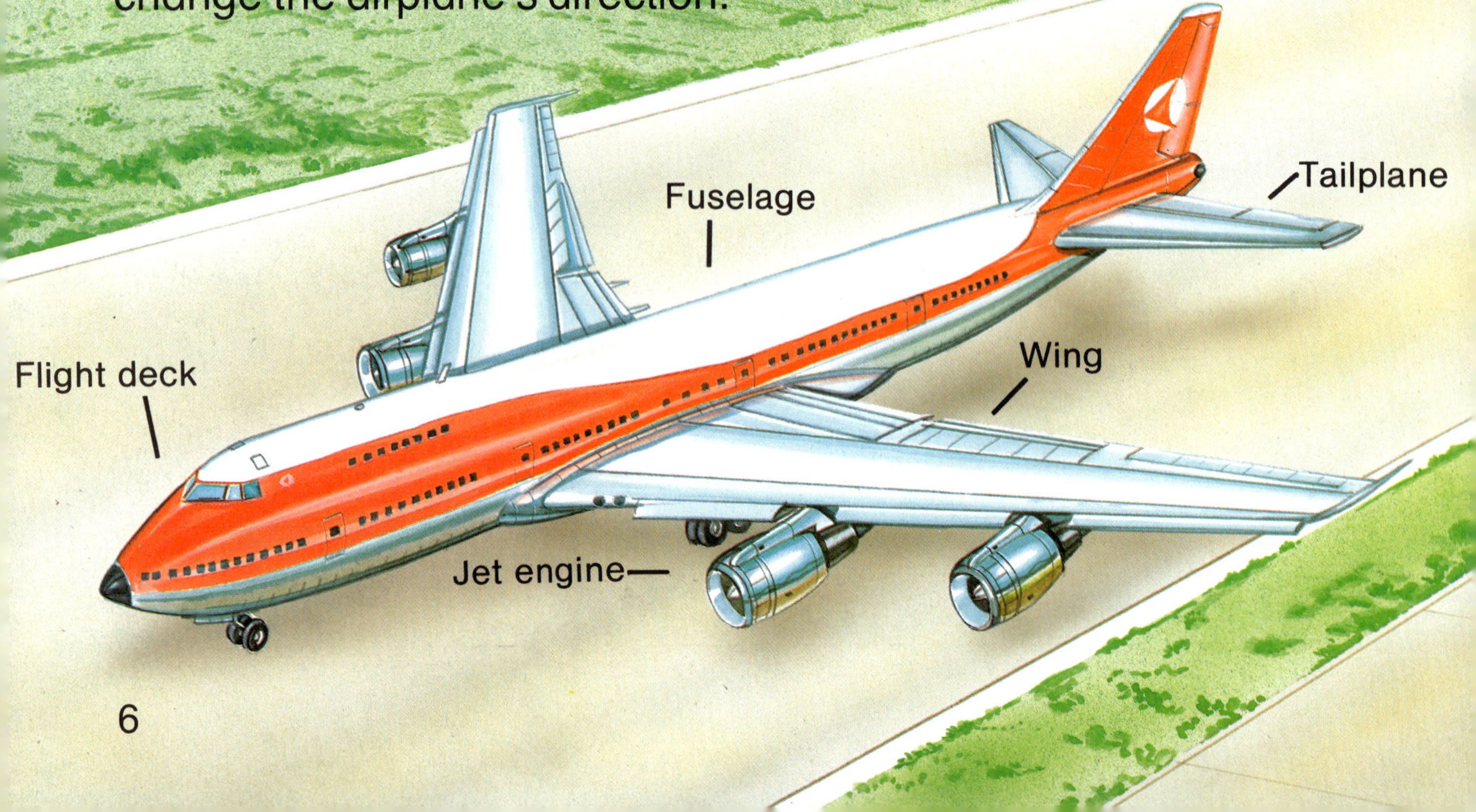

The airplane is pushed through the air by four **jet engines**. These are fixed below the wings. The fuel they burn is stored inside the wings.

Most airplanes today are powered by jet engines. They can fly much faster than planes with **piston engines**.

The first flyers

In 1903, an airplane called "Flyer 1" took off from a field in North Carolina. It flew for only 12 seconds and covered only 37 m (121 ft). But it was the first powered flight. "Flyer 1" was built by two brothers, Orville and Wilbur Wright. It was made of wood, wire and canvas.

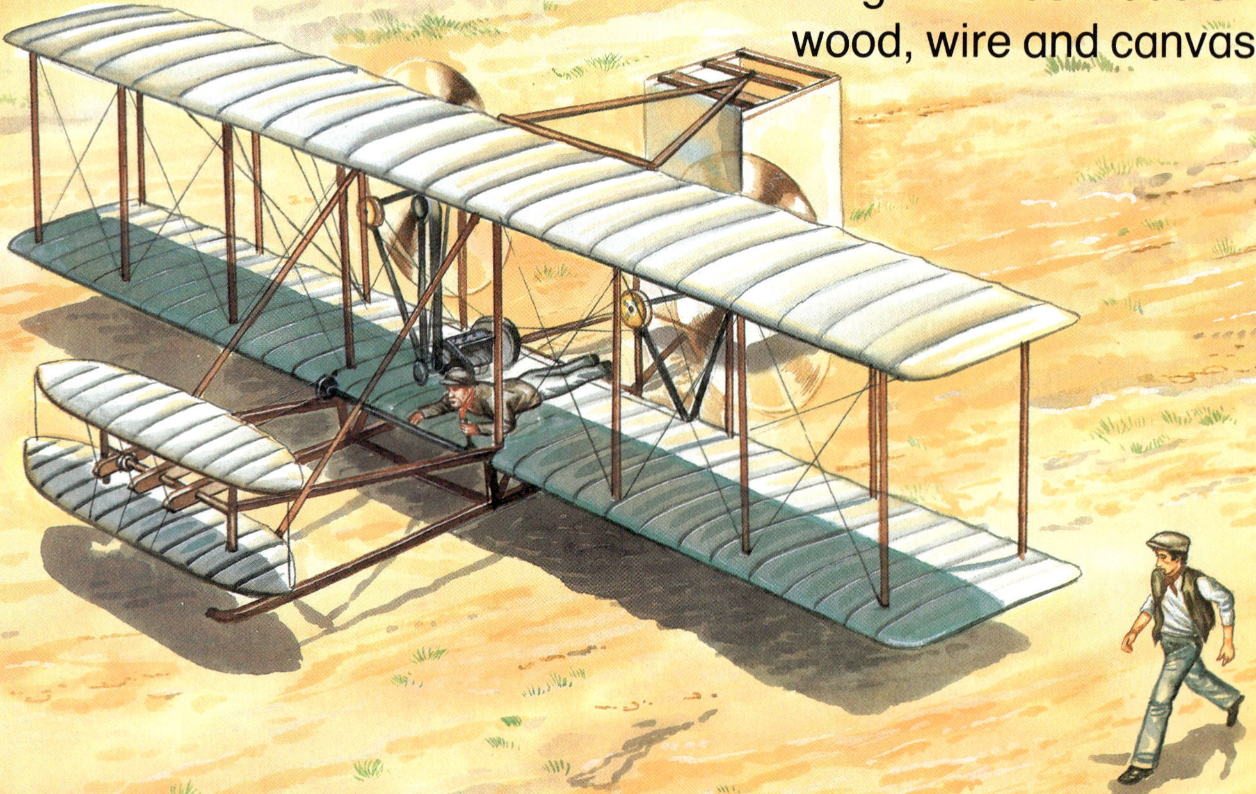

Soon many other flights were made. In 1909, the Frenchman Louis Blériot flew across the English Channel. Ten years later, a much larger plane crossed the Atlantic Ocean. The age of air travel had begun.

Aircraft at war

When World War I began in 1914, aircraft quickly became important new weapons. At first they were used as **scout planes**. Soon they carried bombs to drop on the enemy. Then faster fighter planes were built to shoot down enemy bombers. Most of these were two-winged **biplanes**.

Twenty years later, airplanes played a vital part in World War II (1939–45). Most were now single-winged **monoplanes**. Fighter planes such as the Hurricane (above) and the Spitfire (below) helped to win the Battle of Britain and save England from invasion. At the very end of the war, the first jet airplanes appeared.

Modern warplanes

Many of today's warplanes are both bombers and fighters. They are called **Strike/Attack aircraft**. The European Tornado and the American Tomcat can each fly at more than twice the speed of sound. Their main weapons are bombs, or **missiles** with nuclear warheads.

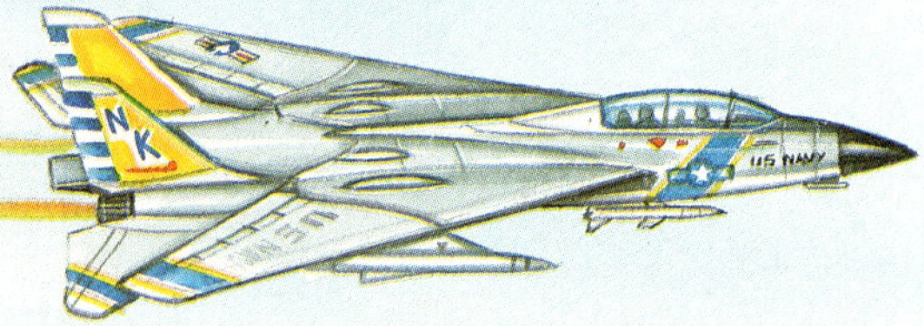

Another vital job is to watch the enemy. Airborne Warning and Control Systems (AWACS) airplanes patrol land and sea on the lookout for enemy missiles and bombers. High above them, at a height of 20 km (12.5 mi), flies the American SR-71 Blackbird. Its special cameras take pictures of any part of the earth below.

Airliners

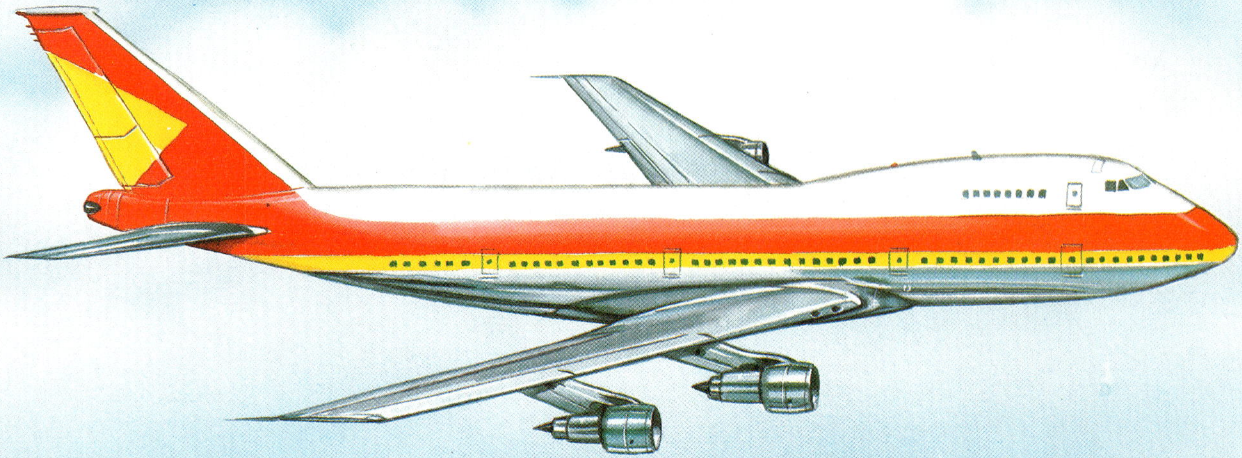

Every year millions of people travel long distances all over the world in airliners. The biggest of these is the American Boeing 747, better known as the "Jumbo Jet." Its cabin is over 6 m (20 ft) wide, and it has room for up to 500 passengers. The "Airbus" also has a wide body and is used for shorter flights.

The first **supersonic** airliner was the Concorde, built by the British and the French. It has a long, slim body and **swept-back wings**. It can fly at over 2000 km per hour (1243 mph).

Planes with special uses

Airplanes have many special jobs to do. One of these jobs is crop-dusting. The planes fly low over fields of crops and spray them with chemicals. This kills pests and helps to prevent disease.

Airplanes are also used for emergencies. The Canadair can scoop up water from a lake and use it to put out a forest fire.

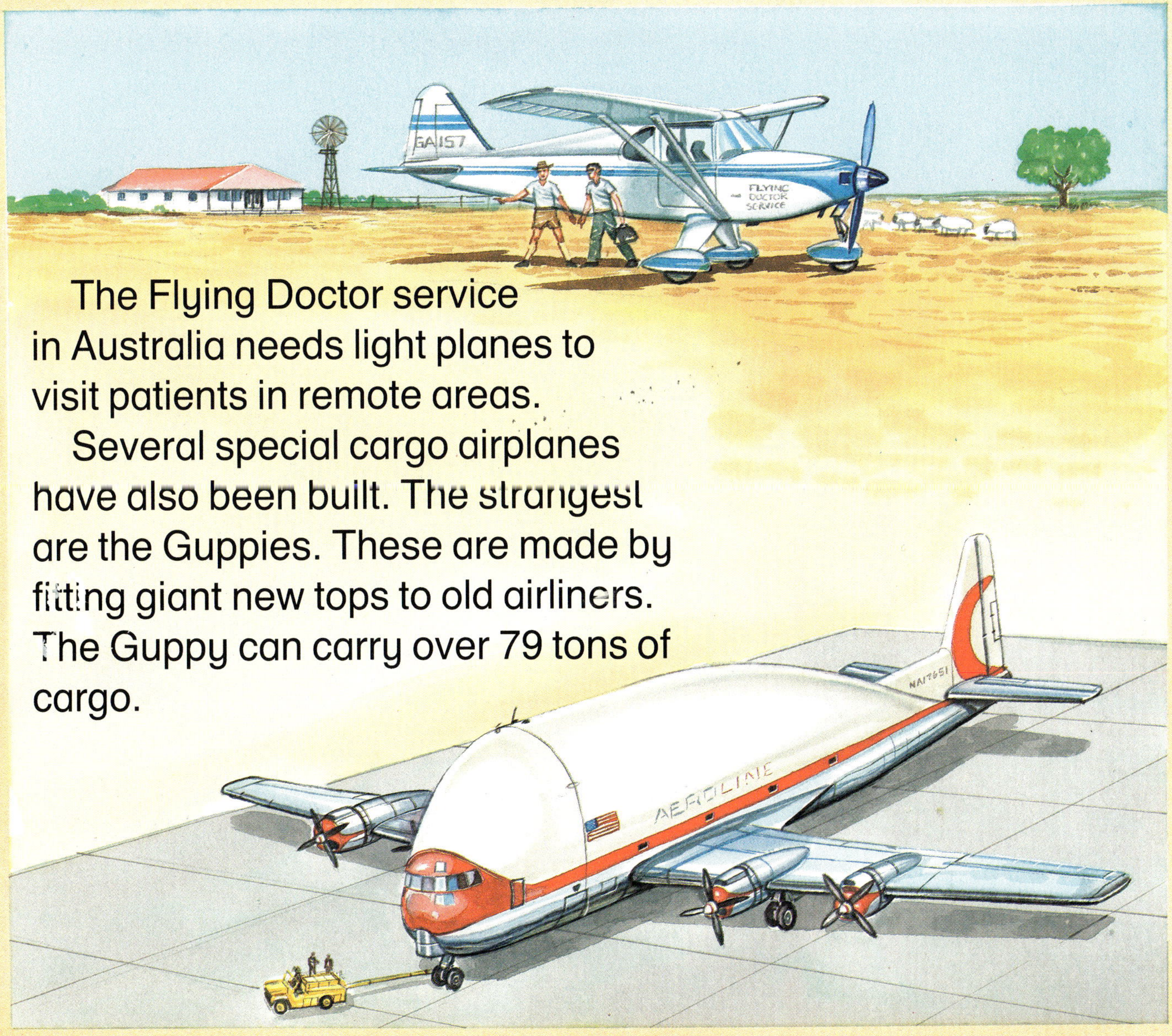

The Flying Doctor service in Australia needs light planes to visit patients in remote areas.

Several special cargo airplanes have also been built. The strangest are the Guppies. These are made by fitting giant new tops to old airliners. The Guppy can carry over 79 tons of cargo.

Disaster!

Modern aircraft fly at very high speeds, and a small fault can cause them to crash. A Jumbo Jet took off from Paris in 1974 with a door unlocked. The rush of air caused the jet to crash, and everyone on board was killed. Every year about 500 people die in such disasters.

Air crashes are very rare, but all airliners carry equipment for use in an emergency. Passengers can escape down **exit chutes**. For crashes at sea, there are life rafts equipped with food, radios to call for help and marker flares.

Vertical takeoff

Most airplanes need a hard runway for taking off and landing, but scientists have developed jet planes that can go straight up or down. The first of these was very peculiar. It was called "The Flying Bedstead." It had jets that pointed downward, lifting the metal frame off the ground.

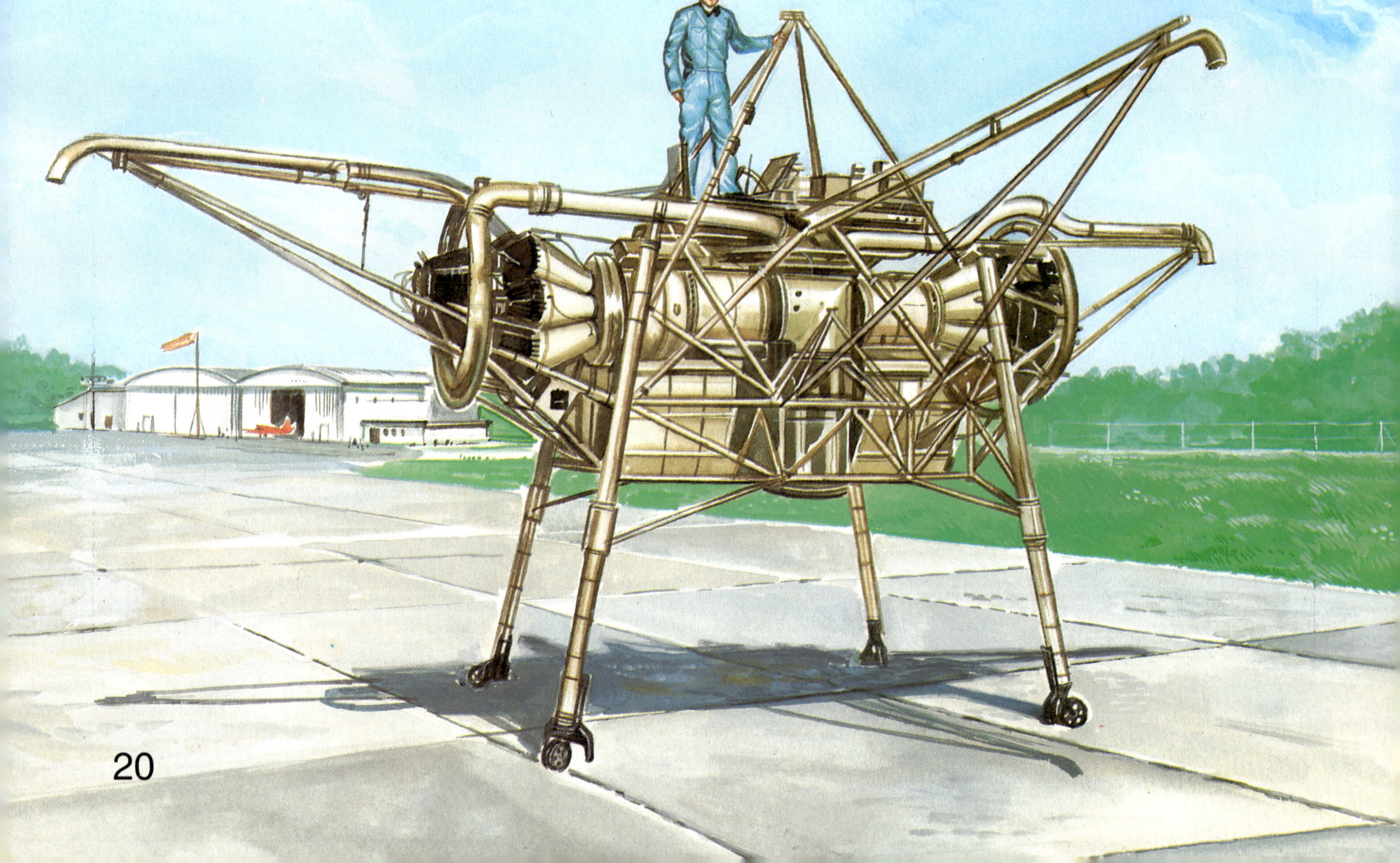

It was developed into the British Harrier. Nicknamed the "Jump Jet," this plane has four **nozzles**, which point downward during takeoff. Then they swivel to point backward and push the Harrier forward. Jump Jets can land in small spaces such as forest clearings or on the decks of aircraft carriers.

Helicopters

Helicopters are lifted and driven along by spinning blades called **rotors**. Another small rotor at the tail keeps the machine itself from spinning around. Helicopters can also hover in one spot.

Helicopters have many important uses. They can operate from tiny landing pads, such as roofs, oil platforms or the decks of warships. By hovering, they can rescue people from the sea or from burning buildings. Large helicopters, such as the Sikorsky Skycrane above, can carry massive loads and lower them into place.

Lighter than air

Most aircraft are heavier than air, but balloons and airships fly naturally because they are lighter than air. The first balloon trips were made over 200 years ago. The balloon was filled with hot air from a fire. The hot air was lighter than the cold air outside, so the balloon rose.

Airships are lifted by huge cylinders of gas called **helium**. Helium is also lighter than air. Because airships are so light, they need only small engines to drive them along through the sky.

Amazing aircraft

There have been some very odd aircraft indeed. Here are some of them.

The widest aircraft ever built was called “Spruce Goose,” shown above. It had a **wing-span** of 97 m (318 ft) and was powered by eight engines. But it only flew once, in 1947.

The smallest plane was called the "Baby Bird." Its wing-span was only 1.9 m (6.2 ft).

In 1986, the strangely-shaped "Voyager" flew nonstop around the world. It was the first plane to do so without refueling.

In 1987, the "Eagle" airplane flew for 64 km (40 mi) over California. It was powered by a cyclist, who had to pedal hard for over two hours.

Flight in the future

Airplanes of the future will be able to fly even faster. Already a new supersonic airliner is being designed to replace Concorde. The British "Hotol" will be faster still. It will blast off like a rocket and be able to reach the other side of the world in a few hours.

The helicopters of the future will have wings. The American "Osprey" will have rotors on the end of each wing. The rotors can be turned downward to lift the helicopter from the ground. Then they can be turned up again to drive it along.

Glossary

Airship An aircraft that is lighter than air; a small non-rigid aircraft is called a blimp.

Biplane An aircraft with two sets of wings, fixed one above the other.

Combat plane A military plane used for fighting or bombing.

Exit chute A flexible slide down which airplane passengers can escape.

Fuselage The central body of an airplane.

Helium A colorless gas used for lifting balloons and airships.

Hover To stay still in one place in the air.

Jet engine An engine that sends out a jet of gas, thus thrusting itself forward.

Missile A weapon that is thrown or shot.

Monoplane An airplane with one set of wings.

Nozzles Spouts through which a gas or liquid is discharged.

Piston engine An engine in which a piston is moved back and forth. In aircraft it turns the propeller.

Rotor A set of long blades

that rotates to power a helicopter.

Scout plane An airplane used to watch an enemy's movements.

Strike/Attack aircraft Planes that can be used as both fighters and bombers.

Supersonic Faster than than the speed of sound.

Swept-back wings Wings slanted backward to allow an aircraft to fly faster.

Tailplane Short horizontal wings fixed at the rear of an airplane.

Wing-span The distance between one wing tip and the other.

Books to read

Airliners by Kate Petty (Franklin Watts, 1986)

Airports by Andrew Langley (Franklin Watts, 1988)

Airports by Graham Rickard (Bookwright, 1987)

Helicopters by David Jeffries (Franklin Watts, 1987)

Helicopters by Graham Rickard (Bookwright, 1988)

On a Plane by Kate Petty (Franklin Watts, 1984)

Index

NORDSEE
OST
WEST-BERLIN
Sylt
Flensburg
Kappeln
Husum
Fehmarn
Friedrichstadt
Schleswig
Helgoland
Rendsburg
Büsum
Kiel
Nord-Ostsee-Kanal
Eutin
Cuxhaven
Lübeck
Ratzeburg
Wilhelmshaven
Greetsiel
Jever
Emden
Bremerhaven
Hamburg
Mölln
Leer
Bremen
Oldenburg
Lüneburg
Ems
Verden
Uelzen
Meppen
Nienburg
Celle
Lingen
Wolfsburg
Minden
Hannover
Osnabrück
Bückeburg
Braunschweig
Rheine
Münster
Warendorf
Bielefeld
Hildesheim
Hameln
Hamm
Goslar
Dortmund
Soest
Lemgo
Weser
Bochum
Einbeck
Elbe
Essen
Paderborn
Göttingen
Duisburg
Hagen
Rhein
Wuppertal
Hann. Münden
Kassel
Düsseldorf
Frankenberg/Eder
Köln
Freudenberg
Fritzlar
Siegen
Melsungen
Fulda
Aachen
Siegburg
Marburg
Bad Hersfeld
Herborn
Lahn
Werra
Bonn
Alsfeld
Limburg
Wetzlar
Monschau
Gießen
Fulda
Koblenz
Bad Ems
Monreal
Bad Brückenau
Frankfurt
Cochem
Mosel
Boppard
Kaub
Wiesbaden
Aschaffenburg
Bad Kissingen
Coburg
Kulmbach
Hof
Schweinfurt
Beilstein
Bingen
Mainz
Darmstadt
Main
Karlstadt
Trier
Bayreuth
Idar-Oberstein
Worms
Michelstadt
Würzburg
Bamberg
Weiden
Saar
Forchheim
Ludwigshafen
Mannheim
Ochsenfurt
Erlangen
Kaiserslautern
Heidelberg
Creglingen
Amberg
Saarbrücken
Rothenburg
Nürnberg
Speyer
Schwetzingen
Heilbronn
Ansbach
Schwäbisch Hall
Weißenburg
Neckar
Karlsruhe
Eichstätt
Ludwigsburg
Regen
Pforzheim
Schwäbisch-Gmünd
Ingolstadt
Regensburg
Stuttgart
Nördlingen
Straubing
Eßlingen
Donauwörth
Baden-Baden
Tübingen
Reutlingen
Lech
Isar
Passau
Ulm
Augsburg
Landshut
Rhein
Freudenstadt
Donau
Sigmaringen
Inn
Breisach
Donaueschingen
Memmingen
Freiburg
Wasserburg
München
Ottobeuren
Landsberg
Rosenheim
Lörrach
Konstanz
Meersburg
Kempten
Linderhof
Tegernsee
Friedrichshafen
Neuschwanstein
Bad Reichenhall
Lindau
Garmisch
Bodensee
Berchtesgaden
Oberstdorf
Königssee

Bundesrepublik Deutschland

Bundesrepublik Deutschland

The Federal Republic of Germany

La République Fédérale d'Allemagne

Ein Bildband von Otto Siegner

Verlag Ludwig Simon

Mit einer Einführung

von Arnold Schulz

Die Bundesrepublik Deutschland – eine doch recht klare und präzise Themenstellung für einen Bildband wie den vorliegenden, so will es scheinen. Optisch zweifellos brillant zu lösen, indem ganz einfach ein Mosaik – bestehend aus den schönsten und interessantesten Motiven dieses Raumes – zusammengestellt wird. Schwierigkeiten tauchen jedoch da auf, wo es gilt, dieses Gebiet als Gesamtheit in Worten zu schildern und darzustellen. Die Bundesrepublik ist nun einmal nur ein Teil eines größeren Deutschland. So hieße es, das Problem nur halb lösen, wollte man diesem Band nicht zu gegebener Zeit einen zweiten folgen lassen: Die Deutsche Demokratische Republik. Und das sei hier ausdrücklich angekündigt.

Deutschland – was ist das eigentlich? Etwa ein geschlossener Kulturraum, ein Ganzes, was Sitten und Gepflogenheiten seiner Bewohner anbelangt? Mit Bestimmtheit läßt sich erklären: nein, durchaus nicht. Vielleicht ein durch natürliche Gegebenheiten gewordener Staat? Auch diese Frage muß klar verneint werden. Ein einheitlicher Sprachraum? Ja. Doch es ist nur ein zögerndes „Ja!" Denn spätestens schon hier setzen Zweifel ein. In Nord und Süd wird zwar gleichermaßen „Schriftdeutsch" gelehrt, geschrieben und gesprochen, die Schul- und Schriftsprache. Doch das Volk bedient sich untereinander ungleich farbigerer, lebendigerer, bildhafterer Dialekte. So will sich die Überlegung aufdrängen, fürstliches Streben nach Macht, politische Willkür habe zusammengefügt, was in Wirklichkeit doch gar nicht zusammengehört. Doch darauf vermag nur die Geschichte eine Antwort zu geben.

Die historischen Anfänge des hier zu betrachtenden Raumes verlieren sich irgendwo im Dunkel grauer Vorzeit. Wohl kennen wir Funde aus Stein- und Eisenzeit, aus der Bronzezeit und anderen prähistorischen Epochen. Doch genauere Zusammenhänge vermochte uns bisher auch die Forschung nur in wenigen, vereinzelten Fällen

aufzuzeigen. Das getreue Bild dieser Zeit wird wohl nie mehr zu rekonstruieren sein, es muß bruchstückhaft bleiben. So viel wissen wir allerdings heute, daß die germanische Frühzeit in etwa bis ins achte Jahrhundert vor Christi Geburt zurück zu verfolgen ist. Aus verschiedenen Museen kennen wir auch viele Einzelheiten über die Lebensgewohnheiten der Germanen, über Kleidung, Gerät, Ernährungsweise, Sitten und ihre Art, die Toten zu bestatten.
Um die Zeit von Christi Geburt drangen Römer in den germanischen Lebensraum ein – eben in Teile des heutigen Deutschland –, als Eroberer, als Kolonisatoren. Dieses ständige Vordringen der Römer ließ die germanischen Stämme – bisher wohl ziemlich uneins untereinander – zusammenstehen. Armin der Cherusker besiegte im Jahre 9 nach Christus die Römerheere eines Varus im Teutoburger Wald.
Was sie einmal erobert, wollten die Römer nicht mehr ohne Widerstand aufgeben. So begannen sie, das „Neuland" durch einen Schutzwall, den Limes, nach Norden und Osten abzusichern. Der Wall mit seinen Wehrtürmen und Kastellen reichte von Kelheim in Bayern bis Rheinbrohl, etwas rheinabwärts von Koblenz gelegen; er besaß eine Länge von annähernd 570 km. Seinen genauen Verlauf kann man noch heute durch Ausgrabungen von mehr oder weniger gut erhaltenen Überresten im ganzen süddeutschen und südwestdeutschen Raum rekonstruieren. Besonders interessante römische Fundstätten, die übrigens nicht nur zum Limes gehören müssen, finden wir in Trier (Porta Nigra), in Mainz (das von Drusus gegründete Kastell Moguntiacum), in Baden-Baden und Badenweiler. Manch eine Straße in diesem Raum geht in Planung und Untergrund auf römische Gründung zurück.
In der Völkerwanderungszeit (Beginn um das Jahr 250 n. Chr.) kommt es zu germanischen Reichsgründungen. Die Westgoten ziehen über den Balkan nach Italien, nach Südfrankreich und Nordspanien. Die Ostgoten kommen ebenfalls nach Italien. Die Vandalen erreichen Afrika, die Alemannen, Burgunder und Franken ziehen über den Rhein, die Angeln und Sachsen erreichen Britannien, die Langobarden kommen nach Oberitalien. Diese Wanderzüge bringen Germanen mit römischer, besser noch, mit antiker Kultur zusammen und natürlich auch mit dem Christentum. Chlodwig (466—511) schuf das Frankenreich, das durch irische Mönche und Bonifatius weitgehend zum Christentum bekehrt wurde. Karl der Große (768—814) gilt als Erneuerer des Kaisertums. Seine Nachfolger dagegen teilten untereinander auf, was zuvor mühsam vereinigt worden war. Otto I., genannt der Große (936—973), Begründer des „Heiligen Römischen Reiches Deutscher Nation", unternahm seine Romzüge, eine alte Sehnsucht des germanischen Menschen, die Liebe zum Süden. Heinrich III. (1039—1056) beherrschte das Papsttum, während sein Nachfolger Heinrich IV. (1056—1106) im Jahre 1077 einen Bußgang nach Canossa zu Papst Gregor VII. antreten mußte.
Mit Konrad III. (1138—1152) kamen die Staufer auf den Kaiserthron. Unter ihnen zeichneten sich besonders aus: Friedrich Barbarossa (1152—1190) und Friedrich II. (1212 bis 1250). Von 1274—1437 waren es Herrscher aus verschiedenen Häusern, bis dann 1438 sich die Habsburger der deutschen Kaiserkrone bemächtigten und sie bis zum Jahre 1806 behaupten konnten. Es sollten vier turbulente Jahrhunderte werden. Ausdehnung des Handels, wirtschaftliche Blüte, Aufstieg des Handwerks und schreckliche Kriege mit Seuchen, Belagerungen und Plündereien lösten einander in buntem Wechsel ab.
In die Regentschaft der Habsburger fiel die Reformation. Der Augustinermönch Martin Luther (1483—1546), Professor der Theologie zu Wittenberg, schlug am 31. Oktober

1517 an der dortigen Schloßkirche seine 95 Thesen an. Er wollte mit dieser Tat dem Ablaßmißbrauch wehren. Drei Jahre später veröffentlichte er seine Reformationsschriften. Sie brachten ihm die Bedrohung mit dem Banne ein. Auf dem Reichstag zu Worms im Jahre 1521 lehnte er den Widerruf ab und verteidigte sich mit den Worten „Hier stehe ich, ich kann nicht anders, Gott helfe mir, Amen" vor Kaiser und Reich. In die Reichsacht getan, retteten ihn Ritter seines Kurfürsten auf die Wartburg. Dort übersetzte er als Junker Jörg das Neue Testament. Wieder in Wittenberg, begann er mit dem Aufbau der evangelischen Kirche. Es kommt zu heftigen Auseinandersetzungen mit Papst und Kaiser. Sie werden mit dem Augsburger Reichstag im Jahre 1530 abgeschlossen. Vorläufige Anerkennung der Protestanten bringt jedoch erst der Augsburger Religionsfrieden im Jahre 1555. Ein zweites Ereignis der Habsburger Zeit, zum guten Teil Folge der Reformation, sollte noch jahrhundertelang in Deutschland, ja in ganz Europa nachwirken: der Dreißigjährige Krieg (1618 bis 1648). Unter dem Vorwand religiös-politischer Gegensätze zwischen Katholiken und Protestanten versuchten die Fürsten, ihre Gebiete zu erweitern. Die Stände benutzen die Gelegenheit, sich gegen den Absolutismus Ferdinands von Österreich aufzulehnen. Schweden, Franzosen, Böhmen, Habsburger, Bayern und Pfälzer bekriegen sich gegenseitig, ziehen brandschatzend und plündernd durchs Land. Wechselndes Kriegsglück, Seuchen und Hungersnöte, politische Morde (Wallenstein, 1634) und Willkürlichkeiten aller Beteiligten werden durch den Westfälischen Frieden im Jahre 1648 beendet. Dieser Frieden bringt den Protestanten und Reformierten ihre endgültige Anerkennung, doch die Bevölkerung Deutschlands wurde um ein Drittel dezimiert.

Im Jahre 1806 legt Kaiser Franz II. die Kaiserkrone des „Heiligen Römischen Reiches Deutscher Nation" nieder. Von Süddeutschland ausgehend, hatten sich die Fürsten – außer Preußen, Braunschweig, Kurhessen und Österreich – zum Rheinbund zusammengeschlossen. Sie erkannten nicht, daß sie damit die Sache Napoleons I. zu ihrer eigenen machten, ihn in seinen Machtplänen nur unterstützten. Mit den Befreiungskriegen (1813—1815) wurde dieser Bund wieder aufgelöst. In der Revolution von 1848 möchte das Bürgertum dem Bestreben entgegenwirken, die alten vornapoleonischen Verhältnisse wieder herzustellen (Restaurationszeit). Die Nationalversammlung tritt in Frankfurts Paulskirche zusammen. Die „kleindeutsche Idee" setzt sich durch. Friedrich Wilhelm IV. lehnt die deutsche Kaiserkrone ab. Im Jahre 1862 wird Bismarck Ministerpräsident von Preußen, zugleich auch Außenminister seines Landes. 1867 übernimmt er das Amt eines Bundeskanzlers im Norddeutschen Bund. Nach dem Krieg von 1870 und dem Sieg über Frankreich gelingt es ihm, das Deutsche Reich neu zu gründen. Preußens König wird im Jahre 1871 im Spiegelsaal zu Versailles zum Deutschen Kaiser proklamiert. Für das Deutsche Reich beginnt eine Zeit der Ruhe, der Selbstzufriedenheit, des Wohlstandes. Der „vaterländische Gedanke", nicht zuletzt durch drei Siege (1864, 1866, 1870) genährt, setzt sich immer stärker durch. Handwerk und Bürgertum erreichen einen vorher nie gekannten Aufschwung, eine Blüte des Wohlstandes. Zugleich beginnt die Industrialisierung immer größere Ausmaße anzunehmen.

Der Weltkrieg 1914—1918 reißt das Deutsche Reich, ja die ganze Welt aus solch kleinbürgerlicher Beschaulichkeit. Anfängliche Begeisterung für den Krieg als ein willkommenes Abenteuer in einer langweiligen, weil satten Zeit weicht mit den Jahren des Hungers und der Niederlagen und der gewaltigen Verluste in mörderischen Materialschlachten einer Resignation beim Volk. Der Kaiser dankt ab. Revolution, Inflation, Arbeitslosigkeit, Parteienhaß werden so zu den Marksteinen hin zum zweiten, noch schrecklicheren Weltbrand von 1939 bis 1945. Nach abermaligen Hungerjahren, wirtschaftlichem Zusammenbruch und Geldentwertung entsteht aus einem Teil Deutschlands die Bundesrepublik. Glück und Fleiß helfen das mitbegründen, was wir heute mit mehr oder weniger großem Stolz als das „deutsche Wirtschaftswunder“ bezeichnen.

*

Historiker mögen diesen mehr als unvollständigen Geschichtsabriß verzeihen. Mit der lückenhaften Aufzählung und Aneinanderreihung geschichtlicher Vorgänge soll nur angedeutet werden, von welchen Ereignissen die Entwicklung eines Landes abhängt, wie lange noch scheinbar unbedeutende Entscheidungen im Leben eines Volkes nachwirken können. Die Geschichte prägt und zerstört, reißt nieder und baut auf, setzt Akzente und hat Resignation zur Folge. Es ist wohl unbestritten, daß zum Verständnis verschiedener historischer Tatsachen wenigstens eine annähernde Kenntnis ihrer Voraussetzung vonnöten ist. So sollte diese „deutsche Geschichte in Bruchstücken“ verstanden werden: als skizzenhaft hingeworfene Kulisse, vor der sich Deutschland zu dem entwickelte, was es heute geworden ist.

Ja, aber was ist denn eigentlich dieses Deutschland, um noch einmal zum Ausgangspunkt dieser Betrachtung zurückzukehren. Verhält es sich nicht so, daß sich Bayern oftmals seinem österreichischen Nachbarn mehr verwandt fühlt als etwa Schleswig-Holstein? Verstehen sich Alemannen mit Schweizern oder Elsässern nicht besser als etwa mit den Menschen im Ruhrgebiet oder in Niedersachsen? Oder vermag der Westfale nicht eher mit dem Holländer als mit dem Württemberger zu fühlen? Und sind nicht vielleicht die Bindungen des Saarländers vielfach stärker an Frankreich als etwa an Oberfranken oder Friesen? Und doch nennen sich alle hier aufgezählten Länder nicht nur deutsch, sie sind es auch. Werfen wir nur einmal einen Blick auf die Karte, dann werden alle angeführten Einwände und Bedenken verständlich. Zwischen Flensburg und Konstanz liegt immerhin eine Entfernung von runden 1000 Kilometern. Im Norden grenzt das Land an Dänemark, wird von Nord- und Ostsee umspült. Im Süden dagegen bildet die Alpenkette eine ebenso natürliche Grenze, wie sie das Meer darstellt. Im Westen zieht der Rhein streckenweise eine Grenzlinie, die jedoch keinesfalls so festgefügt ist, daß nicht von Ufer zu Ufer Wechselwirkungen ausgingen.

Wie man sieht, ein weit gespannter Raum. Wen verwundert es da, wenn er zwischen den einzelnen Stämmen gravierende Unterschiede feststellt? Jahrhunderte einer steten Lebensweise prägen nun einmal den Menschen. Im Küstengebiet bestimmte das Meer – und bestimmt zum Teil noch heute – den Tagesablauf der Menschen. Ebbe und Flut, Stürme mit Hochwasser, Eisgang oder ruhige See setzen unbeeinflußbare Gegebenheiten. Im Alpengebiet wiederum bilden solche Naturereignisse und -gewalten wie ein langer, schneereicher Winter, ein trockener, ein warmer, ein nasser Sommer die Voraussetzungen des Alltags. Flüsse mit zweimaligem Hochwasser – etwa im Raume Passau – haben nun einmal andere Gesetze als Mittelgebirgslandschaften oder fruchtbare Ebenen oder Moore oder Seengebiete. So konnte es nicht ausbleiben, daß gemeinsames Leid und gemeinsame Freude, daß gemeinsame Arbeit und gemeinsame Sorgen nur jeweils jene miteinander verband, die den gleichen Lebensraum miteinander teilen mußten. Auf diese Weise bildeten sich, regional verschieden, Sprache, Sitten, Arbeitsmethoden, Gebräuche auch verschieden aus. Die Art sich zu kleiden, zu essen, zu trinken, zu feiern und zu trauern – das alles hat seinen natürlichen Ursprung in der jeweiligen Landschaft, trägt aber in sich durchaus nichts Trennendes, wie es zunächst scheinen mag.

War vorhin von der Umgangssprache der einzelnen Landstriche die Rede, die sich so gar nicht gleichen will, so soll jetzt die Sprache als Ausdrucksform erwähnt werden. Dieses künstlerische Ausdrucksmittel ist so etwas wie eine Klammer, die ein ganzes Volk zusammenhält. Was große Geister gesagt, geschrieben haben, das wird Allgemeingut des ganzen Volkes. Aber fiele es auch nur einem Bayern, einem Holsteiner, einem Westfalen allen Ernstes ein zu behaupten, Goethe sei ein Frankfurter oder Schiller ein Marbacher? Da ist ein Walther von der Vogelweide (1170 bis 1230). Neben seinen Minneliedern hat er eine Reihe von – in bestem Sinne – nationalen Liedern verfaßt. Der Historiker und Pädagoge Conrad Arnold Bergmann bezeichnet ihn daher auch mit Recht als „Lehrer und Führer des deutschen Volkes". Da ist ein Johann Wolfgang von Goethe (1749—1832), der in seinem „Faust" dem deutschen Menschen (nicht etwa nur dem Franken, dem Hessen oder dem Sachsen) ein allgemeingültiges Denkmal gesetzt hat. „Zwei Seelen wohnen – ach – in meiner Brust ...", damit ist alles gesagt über den Menschen unseres Raumes. Die ganze Zerrissenheit, das ganze Streben nach „Höherem", hier bekommt es Ausdruck. Dieser Mann gilt als der größte Deutsche. Sein universeller Geist beschäftigte sich mit Geschichte, mit der Antike, mit den Naturwissenschaften und mit allgemeinmenschlichen Problemen. Er verfaßte zahlreiche Gedichte, Essays, Abhandlungen, Dramen, Novellen, deren Sprache zu den großen Kulturdenkmälern der ganzen Welt gehören.

Da ist ein Friedrich von Schiller (1759—1805), Württembergs größter Sohn. Seine „Räuber", sein „Wilhelm Tell", seine „Kabale und Liebe", sein „Don Carlos", seine „Ode an die Freude" – haben sie durch eineinhalb Jahrhunderte auch nur ein Bruchstückchen an Bedeutung verloren? Auch wenn an manchen Schulen dem zwar verständlichen, aber kurzsichtigen Schülerwunsch stattgegeben wird, „Klassiker" als „überholt" vom Lehrplan kurzerhand zu streichen, als Professor für Geschichte und Philosophie setzte Schiller mit seinen Betrachtungen „Abfall der Niederlande" und „Der Dreißigjährige Krieg" allgemeingültige Maßstäbe sowohl in Aussage als auch in Sprache.

Es hieße eine Unterlassungssünde begehen, wollte man hier nicht auch noch wenigstens ein paar wenige Meister deutscher Zunge aufzählen, deren Namen sich in der ganzen Kulturwelt mit dem Begriff Deutsch verbinden: Gotthold Ephraim Lessing (1729—1781). Sein Wirken ist für die deutsche Literatur bahnbrechend, seine Arbeiten über Philosophie und Ästhetik und seine Dramen besitzen Weltgeltung. Friedrich Hebbel (1813—1863) mit „Judith", „Maria Magdalena", „Gyges und sein Ring", „Agnes Bernauer". Friedrich Hölderlin (1770—1843), ein Freund Hegels und Schellings, mit seinem „Hyperion". Theodor Storm (1817—1888), der Dichter von „Immensee", „Pole Poppenspäler", „Schimmelreiter"; Hans Carossa (1878 bis 1956) „Das Jahr der schönen Täuschungen", „Geheimnisse des reifen Lebens", „Der Arzt Gion".

Und wie viele große Musiker allein vermochten dem deutschen Namen Weltgeltung zu verschaffen. Da ist ein Ludwig van Beethoven (1770—1827). Seine neun Sinfonien, seine Sonaten, seine fünf Klavierkonzerte, sein Violinkonzert – sind sie aus den Konzertsälen der Welt noch fortzudenken? Da ist ein Richard Strauss (1864 bis 1949) mit seinen Opern, mit seinen Liedern, seinen Balletts, seinen Kammerkonzerten. Da ist ein Heinrich Schütz (1585—1672), bedeutendster deutscher Kirchenmusiker vor Johann Sebastian Bach, Schöpfer der ersten Oper Deutschlands – „Daphne". Da ist ein Johannes Brahms

(1833—1897), der Verbinder von Klassik und Romantik in der Musik, mit vier Sinfonien, Kammer- und Klavierkonzerten, Chorwerken. Da ist schließlich ein Richard Wagner (1813—1883), Schöpfer des Musikdramas als Gesamtkunstwerk, bringt neue Instrumentierung (großes Orchester), ist sein eigener Textdichter, entnimmt die Stoffe der Geschichte und der Sage. Und, um den Kreis zur Gegenwart zu schließen: da sind ein Werner Egk, ein Paul Hindemith, ein Carl Orff.

Selbst auf die Gefahr hin, bei aller Unvollständigkeit der Namen eine nüchterne Aufzählung zu geben, muß hier noch eine weitere Gruppe angefügt werden: die der bildenden Künstler. Ihre Werke sind in den Museen der ganzen Welt anzutreffen, lassen das Herz des Kenners und Verehrers höher schlagen. Franz von Lenbach (1836 bis 1904), als Porträtist einer der ganz Großen seiner Zeit. Carl Spitzweg (1808—1885), der humorvolle Meister des Biedermeier mit seiner ausgeprägten Liebe zum Detail. Hans Thoma (1839—1924), Maler von Schwarzwald und Taunus. Philipp Otto Runge (1777—1810), einer der bedeutendsten Vertreter der Romantik. Veit Stoß (1445—1533), Maler, Kupferstecher und Bildhauer. Albrecht Dürer (1471—1528), Maler, Kupferstecher und Radierer, Verfasser von Lehrbüchern über die Perspektive und die Proportionen. Peter Vischer der Ältere (1460—1529) und Peter Vischer der Jüngere (1487 bis 1528), sein Sohn, zwei große Erzgießer. Lucas Cranach der Ältere (1472—1553), Maler und Holzschneider, und Lucas Cranach der Jüngere (1515—1586), sein Sohn. Mathias Grünewald, Schöpfer zahlreicher Gemälde und Zeichnungen, einer der größten deutschen Maler überhaupt (bedeutendstes Werk: „Isenheimer Altar“).

Nicht minder groß als die Kraft des Wortes ist die Kraft des Geistes für ein Volk. Was Wissenschaftler, Forscher, Ärzte, Physiker, Philosophen, Ingenieure oder Chemiker erdacht, erfunden, konstruiert oder entdeckt haben, kann, wie die Vergangenheit es lehrt, die Zukunft eines Volkes verändern, beeinflussen und wird das auch weiterhin tun. Der Physiker Hermann von Helmholtz (1821—1894) gilt als Erfinder des Augenspiegels und ist der Begründer der Physikalisch-technischen Reichsanstalt. Peter Henlein (1480—1542) konstruierte die erste Taschenuhr. Bedeutende Forschungen über Klimakunde und Pflanzen gehen auf Alexander von Humboldt (1769—1859), den großen Geographen und Expeditionsleiter, zurück. Albert Einstein (1879—1955) legte mit seiner Relativitätstheorie die Grundlage für die gesamte Atomforschung, für die großen Fortschritte moderner Physik. Heinrich Hertz (1857 bis 1894) schuf durch seine Forschungen über elektrische Wellen die Voraussetzung für die Funktelegraphie. Gottlieb Daimler (1834—1900) und Karl Benz (1844 bis 1929) bauten unabhängig voneinander den ersten Kraftwagen. Werner von Siemens (1816—1892) konstruierte die erste Dynamomaschine und seine Brüder Wilhelm und Friedrich den „Siemens-Martin-Stahlofen“. Ferdinand Sauerbruch (1875—1951) eröffnete der Medizin durch seine Forschungen auf dem Gebiet der Lungen- und Hirnchirurgie neue Wege. Robert Bosch (1861 bis 1942) revolutionierte die Kraftfahrt durch einen Hochspannungszündungsmagnet für Benzinmotoren. Wilhelm Conrad von Röntgen (1845—1923), Entdecker der „Röntgenstrahlen“, nützte damit nicht nur der Medizin, auch die Technik und Industrie bedient sich dieser Entdeckung als unbestechlichstes Mittel der Materialprüfung. Bewußt wurde auf nähere Angaben bei all diesen Männern verzichtet. Denn sie kommen aus allen Epochen, aus allen Schichten, aus allen Gauen. Mögen viele von ihnen in ihrer engeren Heimat oder an den Stätten ihres hauptsächlichen Wirkens besonders verehrt werden, so sind sie alle nicht Söhne irgendeines kleinen Bezirkes, sie sind

Söhne Deutschlands. Durch ihre Leistungen, durch ihr Wirken und ihr Werk haben die meisten von ihnen mehr für ihr Vaterland getan als manch ein Politiker, dem erst spätere Geschichte den ihm gebührenden Platz zuweist. Nicht selten einen recht unbedeutenden.

Verglichen mit der gesamten Leistung deutscher Menschen ist die Zahl der hier erwähnten zwar nur gering, aber immerhin schon groß genug, um den einen oder anderen mit Stolz zu erfüllen. So mag auch vielleicht der Vorwurf vieler Ausländer, Deutsche neigten zur Überheblichkeit, gar nicht so abwegig sein und möglicherweise in dieser Tatsache seine Ursache haben. Es sei hier ganz offen ausgesprochen: die Gefahr besteht, daß gerade diejenigen, die es am wenigsten nötig hätten, sich mit den Leistungen der Größten ihres Volkes nur allzuleicht identifizieren. Ein ganz profaner Vergleich sci hier gestattet: die begeisterten Fußballzuschauer sprechen auch von „unserem Sieg", obwohl sie kein anderes Verdienst am Spiel der Mannschaft hatten als das, kräftig mitgebrüllt zu haben.

Die Bundesrepublik befindet sich gegenwärtig, ebenso wie zahlreiche andere Kulturstaaten, in einem gewaltigen Umwandlungsprozeß, der mit dem Schlagwort von der „Massengesellschaft mit dem Massenkonsum" grob umrissen ist. Die Industrie ist längst dazu übergegangen, nicht mehr nur – abwartend – „Bedarf zu decken", sondern vielmehr – provozierend – „Bedarf zu wecken". Diese Entwicklung überrollt den einstmals seßhaften Bauern, Handwerker, Kleinkaufmann. Der Lebensraum eines Großteiles der Bevölkerung wird nicht mehr von Herkunft und Geburtsort, sondern vielmehr vom Arbeitsplatz, von der Möglichkeit des Broterwerbs bestimmt. Eine Entwurzelung allergrößten Ausmaßes, höchstens noch der Völkerwanderung vergleichbar, vollzieht sich heute, dem einzelnen oftmals in der Turbulenz der Ereignisse gar nicht bewußt werdend. Unsere Industriegesellschaft fordert eben von jedem ihren Tribut. Wohnsitze werden heute wie die Kleidung gewechselt. Neue wirtschaftliche Erkenntnisse und Erfindungen können ganze Landstriche nahezu entvölkern. Ein allgemeiner Zug zur Großstadt ist zu verzeichnen. Eine Stadt wie München meldet allein einen jährlichen Zuzug von rund 30000 Menschen. Das wirft schier unlösbare Probleme auf.

Vieles ist auch uns längst schon zum selbstverständlichen Alltag geworden. Nicht nur ein Straßenverkehr, der sich in seinem unvorstellbaren Anwachsen selbst zu ersticken droht. Nicht nur solche Waschanlagen, in denen Autos am Fließband binnen drei Minuten auf Hochglanz gebracht werden. Nicht nur Müllschlucker in Mietshäusern, zwanzig und mehr Stockwerke hohe „Wohnsilos". Oder denken wir nur an Fabriken mit „Fertigungsstraßen", wo, wie von Geisterhand bedient, Massenkonsumgüter, aber auch hochwertige Geräte, Maschinen, Apparate einfach „ausgespuckt" werden, ohne daß Menschen zu sehen sind. Sie haben bei Automationsanlagen höchstens noch die Funktion der Wartung, der Überwachung. Auf Schritt und Tritt begegnet uns der Fortschritt in tausendfältiger Form. So ist es wohl kaum übertrieben – und nur Böswillige oder Uneinsichtige mögen anderes behaupten –, wenn man feststellt: Unserem Land droht die Gefahr, in der Seelenlosigkeit, in der Vermassung zu ersticken. Diese Entwicklung fordert von jedem einzelnen eine Entscheidung, der er möglicherweise gar nicht gewachsen ist. Viele stehen hilflos, einsam, verängstigt inmitten dieser Überfülle. Doch es ist Sache eines jeden, damit selbst fertig zu werden, sein Leben selbst einzurichten, unter der Fülle des Angebotes eine geschickte und gezielte Auswahl zu treffen. Das Angebot – wirtschaftlicher, geistiger, kultureller Art –, es ist von Flensburg bis Konstanz, von Saarbrücken bis Kronach, von Lörrach bis Nürnberg und von Aachen bis Berchtesgaden gleich. Sollen wir das bedauern? Sollen wir uns dem entgegenstellen? Es wäre sinnlos. Diese Entwicklung ist vom einzelnen nicht aufzuhalten, sie hat vielmehr auch eine beachtlich gute Seite. Was in vielen Jahrhunderten nur schwer zu verwirklichen war, das blieb der zweiten Hälfte des 20. Jahrhunderts vorbehalten: eine gewisse Einigung des ganzen Volkes. Unterschiede landsmannschaftlicher Art schrumpfen plötzlich immer mehr zusammen, genau wie die Unterschiede sozialer Art auch. Solche Errungenschaften wie Rundfunk und Fernsehen, Zeitungen und Auto, Flugzeug und Eisenbahn haben ihren nicht unerheblichen Anteil an dieser Veränderung. Entfernungen sind plötzlich bedeutungslos geworden. Was noch vor hundert Jahren nur mühsam in einer Tagereise zu bewältigen war, ist heute ein „Katzensprung" von höchstens einer Stunde. Dieses Jahrhundert hat Chancen bekommen wie kein Zeitalter jemals zuvor. War die Generation vor dem ersten Weltkrieg noch an einen verhältnismäßig kleinen Raum gebunden, in dem sie aufwuchs, arbeitete und lebte, so gehört Reisen für den Menschen unserer Zeit zu den selbstverständlichsten Beschäftigungen. Plötzlich sind jedem, aber wirklich auch jedem, die Möglichkeiten gegeben, das ganze Vaterland zu entdecken.

Ein Unterfangen, das sich lohnt. Man sammelt nicht nur neue Eindrücke, Erlebnisse, Erkenntnisse, man lernt auch dabei. Und zwar Geschichte, lebendige Geschichte. Was sich in nüchternen Zahlen nur trocken liest, bekommt plötzlich Gestalt. In zahlreichen Bauwerken zwischen Lübeck und dem Bodensee, zwischen Aachen und Nürnberg, Passau und Worms präsentiert sich uns deutsche Vergangenheit in ihrer eindrucksvollsten Form. So sei hier der Versuch einer deutschen Kulturgeschichte – ohne Rücksicht auf geographische Abgrenzungen – gewagt. Beginnen wir mit der karolingischen Epoche (etwa 8. und 9. Jahrhundert). Ihr hervorstechendstes Merkmal sind teilweise spätantikische Vorbilder. Die Michaelskirche von Fulda (820 erbaut) mit dem Kloster zählt dazu. Ebenso das Münster zu Aachen mit seiner Schatzkammer und dem Königsstuhl Kaiser Karls des Großen. Besonders interessant: die Königshalle von Lorsch (764 erbaut) in Hessen mit den drei Rundbogen und den drei Fenstern an der reich mit Ornamenten verzierten Seitenwand.

Frühromanisch im Ausdruck ist die ottonische Epoche (etwa 10. bis 11. Jahrhundert). Neben Gernrode und Quedlinburg (Ostharz) sind der romanische Michaelsdom in Hildesheim, Augsburg, Regensburg, Köln und die Kirche der Insel Reichenau besonders zu erwähnen. In diese Epoche fallen auch die ersten Buchmalereien der Reichenauer Schule: die Bamberger Apokalypse und das Evangeliar Ottos III. Kulturhistorisch besonders wertvoll die Wandmalereien in Reichenau-Oberzell. Vom 11. bis 13. Jahrhundert reicht die romanische Zeit. Die Ruine der Klosterkirche von Hirsau im Schwarzwald, das Kloster Alpirsbach und Königslutter zählen dazu. Außerdem die Dome von Speyer, Worms (11. Jhdt.) und die Kaiserpfalzen von Goslar und Gelnhausen (12. Jhdt.). Ebenfalls hier einzureihen sind Plastiken wie der „Braunschweiger Löwe", die Bamberger Georgenchorsschranken und das Hildesheimer Taufbecken.

Als „Laienstil des Mittelalters" wird die Gotik bezeichnet. Dazu zählen der Kölner Dom (1248 begonnen, 1840 allerdings erst vollendet), das Freiburger Münster und das Ulmer Münster (mit 161 m der höchste Kirchturm der Welt). In diese Epoche gehören auch die Hallenkirchen von Schwäbisch Gmünd und Nürnberg sowie die norddeutsche Backsteingotik mit ihren typischen Vertretern

Lübeck und Ratzeburg. Zu den bedeutendsten Plastiken der Epoche gehört der Bamberger Reiter (13. Jhdt.), in der Malerei Stephan Lochners „Madonna im Rosenhag" (15. Jhdt.) und der „Christophorus" des bedeutendsten Meisters der Oberrheinschule, Konrad Witz (15. Jhdt.).
Während die Renaissance in Italien die Wiedererweckung der Antike bedeutete, brachte sie in Frankreich und Deutschland einen eigenen Stil hervor: Ottheinrichsbau des Heidelberger Schlosses, Augsburger Rathaus. Typische Vertreter dieser Epoche sind Tilman Riemenschneider, Veit Stoß, Adam Krafft und Peter Vischer der Ältere. An Malern sind hier zu erwähnen: Albrecht Dürer, Baldung Grien, Mathias Grünewald, Hans Holbein, Lucas Cranach und Albrecht Altdorfer.
Barock (Ende 16. bis Anfang 18. Jahrhundert) wird auch das „Zeitalter der Erneuerung" genannt: Erneuerung des religiösen Lebens, der Staatsidee und der Wissenschaften. Balthasar Neumann als Baumeister, Adam Elsheimer als Maler sowie Ignaz Günther und Andreas Schlüter als Bildhauer sind die bedeutendsten Vertreter der Epoche. War eine gewisse Schwere und Wuchtigkeit das typische Kennzeichen des Barock, so löste das Rokoko (18. Jahrhundert) diese Formen in eine teilweise bis ins Extrem verspielte Anmut auf. Das übertrug sich nicht nur auf die Fassaden, auch Innenräume, Möbel und die Mode wurden davon erfaßt. Neben Frankreich gilt vor allem Deutschland als das klassische Land des Rokoko. In Potsdam ist es Schloß Sanssouci (nach Friedrichs des Großen Plänen von Knobelsdorff erbaut), in Bayern die Wallfahrtskirche „In der Wies" bei Steingaden, von Dominikus Zimmermann erbaut. Diese Kirche gilt als das schönste Rokoko-Bauwerk überhaupt. Ihre prächtige Innenausstattung, die Deckengemälde und der herrliche Stuck sind alljährlich das Ziel Tausender. In ganz Oberbayern setzen sich die Brüder Cosmas (1686—1739) und Egid Quirin Asam (1692—1750) mit zahlreichen Kirchen, die zu den schönsten Spätbarock- und Rokokobauten zählen, ein bleibendes Denkmal. In diese Epoche gehört auch das Meißner Porzellan eines Joh. Joachim Kändler.
Mit der Aufklärung (um 1800) zerfällt die kirchliche Macht, der Klassizismus beginnt, der Staat verliert seinen Einfluß. Eine mißverstandene Antike wird vom bürgerlichen Individualismus nachgeahmt, ebenso Renaissance, Gotik und andere Epochen. Namen wie Langhans (Brandenburger Tor), Klenze (Glyptothek in München), Weinbrenner (Karlsruhe und Südbaden) sind als Baumeister typisch.
Die Romantik wiederum kann als Protest gegen den übertriebenen Klassizismus angesprochen werden. Plötzlich macht man den Versuch, mittelalterliche oder barocke Tradition neu zu erwecken: Ph. O. Runge, C. D. Friedrich, M. v. Schwind. Mit der Romantik endet das Mittelalter.

Die Neuzeit (Beginn 19. Jahrhundert) beginnt zunächst einmal mit einem allgemeinen Stilverfall. War in allen Epochen zuvor eine gewisse Beständigkeit zu beobachten, so wechseln jetzt die Richtungen in schneller Folge. Kitsch und Kunst liegen dicht beieinander. Die Photographie erhält nunmehr die Aufgabe der natürlichen Wiedergabe. Die Kunst „tobt sich aus". Zu Beginn des 20. Jahrhunderts wird im Jugendstil der Versuch unternommen, eine gewisse Säuberung der Stile zu erreichen. Diese Epoche schließlich wird später abgelöst vom reinen „Zweckstil". Eine Erscheinung, die sich bis in die jüngste Gegenwart verfolgen läßt. Betrachten wir doch einmal eine Reihe von Nachkriegsbauten, die sich zwischen Hamburg und Freiburg, zwischen Saarbrücken und Passau gleichen wie ein Ei dem anderen.

Nicht wenige mag es geben, denen all das bisher Gesagte langweilig und unbedeutend erscheint, eine Aneinanderreihung von Einzelheiten, mehr nicht. Dabei sind das die Grundlagen unserer Kultur. Auf den Erkenntnissen der hier angeführten Männer und auf den Ergebnissen der angeführten Epochen baut sich das Leben eines jeden einzelnen auf. Es sollte nichts Geringeres als die Bedeutung der Überlieferung für die menschliche Bildung aufgezeigt werden. Auch wenn diese Tatsachen vielen überhaupt nicht zum Bewußtsein kommen. Denn erst aus der unendlichen Fülle der Vergangenheit wird uns der Maßstab unseres Denkens, unseres Handelns, unserer Lebensform erkennbar. Geistige Tradition weist den Weg in die Zukunft. Dazu ist es erforderlich, so etwas wie eine Bestandsaufnahme der geistigen Voraussetzungen und der politischen Gegebenheiten, der wirtschaftlichen Verhältnisse und der soziologischen Struktur zu machen.

Das 20. Jahrhundert indes nimmt plötzlich eine Sonderstellung ein, wie das an anderer Stelle schon erwähnt wurde. Die alten Hochkulturen, abgeschlossen und auf einen bestimmten Raum beschränkt, hören mit einem Male scheinbar auf zu bestehen. Die Technik mit ihren Errungenschaften und ihren Forderungen überkommt die Völker wie ein Rausch. Sie wirkt gleichmachend, für den Einzelmenschen vereinfachend. Wollen wir aber geistig nicht verkümmern – und diese Gefahr war noch niemals zuvor so groß wie in unserem Zeitalter der Spezialisten –, dann müssen wir uns der Leistungen unserer Ahnen und Urahnen erinnern. Nicht aus einem billigen und gefährlichen Nationalismus heraus, sondern aus Selbsterhaltungstrieb. In der historischen Vergangenheit liegen nun einmal die unerschöpflichen Kräfte eines Volkes.

Solche Hinweise aus dem berufenen Mund von Historikern und Philosophen stoßen vielfach auf Unverständnis, werden häufig mit der Bemerkung „Überholt! Dafür ist heute keine Zeit mehr!“ beiseite geschoben. Wer nur einmal an einem Sonntag die unübersehbaren Autokolonnen erlebt hat, die sich über Straßen und Autobahnen in Großstädte wie Hamburg, Frankfurt oder München hineinwälzen, stundenlang im Schrittempo fahrend, der möchte bezweifeln, ob es noch allzu viele Menschen gibt, denen die Kulturgüter ihres Landes noch etwas bedeuten. Tausende und aber Tausende fahren morgens aus den Großstädten heraus, bewegen sich, einem Lindwurm vergleichbar, Stoßstange an Stoßstange, über Asphalt und Betonstreifen und kehren abends erschöpft in die Steinwüsten der Städte zurück. Ihr Ziel ist es, keines zu haben und bei solcher „Planlosigkeit“ unter ihresgleichen zu sein. Dabei gäbe es keine bessere Möglichkeit, die Bundesrepublik kennenzulernen, als gerade mit Hilfe der Autobahnen. Sie durchziehen das Land von Nord nach Süd, von Ost nach West. Sie kennen keine Ländergrenzen, sie überbrücken Flüsse und durchqueren Gebirge, und nur wenige Kilometer rechts und links entfernt liegt das, was wir mit hochtrabenden Worten unser Kulturerbe bezeichnen. Kaum gekannt, wenig besucht, oft ganz vergessen.

Aber was ist nun Deutschland? Auf diese Frage wird ein Zeitgenosse des technischen Zeitalters eine andere Antwort finden als etwa der Historiker oder der Politiker. Meint er das Heilige Römische Reich Deutscher Nation? Oder das Preußen eines Friedrich des Großen? Den Deutschen Bund? Bismarcks Reich? Den Weimarer Staat? Oder „sein“ Deutschland – die Bundesrepublik? Ist sein Nationalgefühl großdeutsch oder kleindeutsch, demokratisch ausgerichtet oder autoritärer Macht zugewandt? Nichts von alledem. Die Mehrheit des Volkes identifiziert mit Deutschland das, was sie von diesem Lande kennt, was sie gesehen hat. Diesen Horizont zu weiten, dazu war die Gelegenheit noch niemals so günstig wie gerade heute. Wer sich dieser Mühe nur erst einmal unterzieht, wird feststellen, daß es sich lohnt, die Bundesrepublik zu entdecken. Indes, richtiges Reisen ist eine hohe Kunst. Geübter Blick, Improvisation, Sich-bescheiden-Können und die Bereitschaft zum Nachdenken gehören dazu. Und Muße, sehr viel Muße sogar. Es wäre zwar verfehlt, einer längst verflossenen Postkutschenromantik nachzutrauern. Aber das wahre Erlebnis wartet nun einmal in den seltensten Fällen dort, wo sich Reisegesellschaften – Herden gleich – der monotonen Stimme eines mehr oder weniger geschulten Fremdenführers anvertrauen. Das wahre Urlaubsglück braucht auch keinesfalls in der möglichst großen Entfernung zum Heimatort zu liegen.

Dazu möchte dieser Bildband seinen bescheidenen Beitrag leisten, mit einem bunten Mosaik reizvoller Motive, mit einer Mischung aus Vergangenheit und Gegenwart.

Bayern

SEITE 72–133

„Deutschlands Ferienparadies – ganzjährig geöffnet!" Unter solcher Vorstellung lebt Bayern nicht nur bei Touristengruppen aus Übersee, nein, auch in der Bundesrepublik selbst, sowie man nur den Main nach Norden überschritten hat. Das ganze Land voller Berge, auf jedem Berg eine Alm, jede Alm mit ihrer Sennerin, jeder Bua mit Gamsbart, Lederhose und Janker, schuhplattelnd, jodelnd, zitherspielend. So etwa sieht dieses Klischee aus.
Guter Ruf verpflichtet. Natürlich auch der, zur Erholung anderer beitragen zu müssen. Also wird von den Bayern wacker mitgespielt. So kommt es, daß just in den Fremdenorten gejodelt wird, gezithert, geplattelt und getrachtelt. Doch – leider – fast nur noch für die Fremden, während der „Saison".
Aber wie sieht die Wirklichkeit aus? Bayern ist immerhin, um bei der Geschichte zu beginnen, der älteste deutsche Staat und das einzige Land, das nach der Katastrophe im Jahre 1945 in seinen alten Grenzen wiedererstanden ist. Die bayerische Historie ist voller großer und schwerer Ereignisse, das kulturelle Erbe ist reicher und vielfältiger als anderswo. Klassisches Land des Barock nennt man allenthalben Bayern, und München, seine Hauptstadt, gilt als Metropole der Kunst schlechthin. Mit seltener Vielfalt hat sich die Natur in diesem Lande entfaltet.
Schwaben besitzt vorbildliche Milch- und Viehwirtschaft sowie gutgeführte Fremdenverkehrsorte im Allgäu und eine beachtliche Industrie im Raume Augsburg. Im südlichen Zipfel, unmittelbar an der österreichischen Grenze bei Füssen, beginnt die Romantische Straße. Sie zieht über Steingaden, Schongau, Landsberg und Augsburg nach Donauwörth. Nächste Stationen sind Dinkelsbühl und Rothenburg o. T. Alles Orte, die für sich selber sprechen. Im Land der fränkischen Steinweine (Bocksbeutel) bei Würzburg endet sie. Hier in Mainfranken kommen wir in ein anderes Bayern als etwa in der Oberpfalz oder im Bayerischen Wald. Nürnberg und Fürth sind der wirtschaftliche Mittelpunkt des nördlichen Bayern. Bamberg (Dom, Rathaus, „Bamberger Reiter", Riemenschneider-Altar) gilt als das Kulturzentrum Oberfrankens. Dabei war von den zahlreichen Schlössern, Gärten und Patrizierhäusern dieses Raumes noch gar nicht die Rede.
Das, was der Fremde aber vom ganzen Land erwartet, wenn er Bayern besucht, das findet er eigentlich nur im südlichen Teil Oberbayerns. Hier allerdings mit einer Perfektion der Natur, die überwältigend ist. Garmisch-Partenkirchen, Mittenwald, Oberammergau, Berchtesgaden, Reit im Winkl – das sind so die richtigen bayerischen Bilderbuchorte.

Zugegeben, die Bindung der Bayern zum bäuerlichen Land ist besonders stark. Doch deswegen leben in diesem Lande noch lange keine Hinterwäldler. Im Gegenteil, denn sonst würden die Olympischen Spiele 1972 nicht in München stattfinden. Und schließlich fuhr auch Deutschlands erste Eisenbahn in Bayern, im Jahre 1835 von Nürnberg nach Fürth. Die Mode, vor allem die sportliche Mode, erhält von Bayern (vornehmlich München) entscheidende Impulse. Das Theaterleben – ob das mit der dem Bayern eigenen Lust zum Theaterspielen zusammenhängt? – ist besonders reich. Und wirtschaftlich? Mit seinem ausgeprägten Sinn fürs Reale weiß der Bayer sehr wohl, daß man Geld braucht. Aber damit zu prahlen, das liegt ihm nicht. Denn in Bayern zählt die Persönlichkeit noch immer mehr als das Geld, das dahintersteht.

Baden-Württemberg

SEITE 134—163

Am 25. April 1952 entstand das Bundesland Baden-Württemberg durch den Zusammenschluß der Länder Baden, Württemberg und Hohenzollern. Es reicht im Süden vom Rheinknie bei Basel bis zum Bodensee und hinein ins Allgäu, im Norden von Mannheim zum Taubergrund (Taubermündung in den Main), im Westen grenzt es bis auf die Höhe von Karlsruhe an Frankreich, dann weiter an Rheinland-Pfalz und im Osten an Bayern. Die Rheinebene, der Schwarzwald, Teile des Odenwaldes, die Schwäbische Alb, das Neckarbecken und das Gebiet um den Bodensee prägen nicht nur das landschaftliche Bild, sie schaffen auch ganz verschiedenartige Lebensbedingungen. An den Hügeln der Rheinebene überwiegt der Weinbau (Markgräflerland, Breisgau, Kaiserstuhl, Ortenau). Die Ebene selbst mit dem etwas kargen Boden ist die beste Voraussetzung für den Anbau von Spargel (Steinenstadt, Opfingen, Schwetzingen) und Tabak (Lahr, Hanauer-Land bei Kehl). Am Fuß des Schwarzwaldes sprudeln heiße Quellen, ideale Voraussetzungen für Heilbäder: Bellingen, Badenweiler, Bad Krozingen, Baden-Baden. Im Schwarzwald selbst ebenfalls viele Mineralquellen (Peterstal, Griesbach, Rippoldsau) und Heilbäder. Im Zuge des sich ständig ausweitenden Tourismus wurde so manches Schwarzwalddorf eilends in einen beliebten Fremdenort umgewandelt. Wo die Landschaft so viel Vorarbeit geleistet, blieb den Menschen nicht mehr allzu viel zu tun: ein paar Hotels, ein paar Wege, ein paar Bänke. Viele Täler eigneten sich besonders zum Aufbau verschiedener Industrien: Feinmechanik, Uhren, Textilien, Chemie, Papier und Holz.

Auf dem Rücken des Schwarzwaldes verläuft die Grenze zum früheren Württemberg. Hier wird die Industrialisierung stärker, je weiter man nach Osten kommt: Möbel (Balingen, Frommern), Textilien (Tailfingen), Uhren (Schramberg), Musikinstrumente (Trossingen), Schuhe und chirurgische Instrumente (Tuttlingen). Bedeutendstes Industriegebiet ist der Neckarraum: Stuttgart–Esslingen–Plochingen. Hier drängt sich Fabrik an Fabrik (Fahrzeugbau, Maschinenbau, Elektrogeräte, Chemie, Konserven). Göppingen, Schwäbisch Gmünd, Geislingen, Ulm, Heidenheim sind wirtschaftliche Schwerpunkte des Landes. Doch darüber hinaus gibt es kaum ein Dorf, das nicht sein „Fabrikle" aufzuweisen hätte – ein erweiterter Handwerksbetrieb, aus dem nicht selten eine richtige, große Fabrik hervorgeht.
Die sprichwörtliche Sparsamkeit des Schwaben half den Wohlstand des Landes begründen. Nirgendwo wurden in den letzten 15 Jahren so viele Eigenheime gebaut wie gerade hier. Und junge Leute setzen noch immer ihren Stolz drein, bis zur Heirat eine komplette Aussteuer zu besitzen. Ebenfalls eine Besonderheit: viele Schwaben bewirtschaften nicht nur einen kleinen Hof, sie verdienen sich außerdem einen schönen Batzen Geld durch Heimarbeit. Karg für den Bauern, aber landschaftlich besonders reizvoll ist die Schwäbische Alb.

Ganz anders präsentiert sich der Bodensee, reicher, lebensfroher: üppige, vielfach geradezu südländisch anmutende Vegetation (Mainau, Reichenau), Wein- und Obstbau, Spargel (Tettnang; hier, im Gasthaus zum „Rad", gibt es unzählige Spezialitäten dieser Köstlichkeit), Hopfen, Fischfang (Blaufelchen). Die hübschen Dörfer, die alten Kirchen und Klöster, das milde Klima und die blühenden Gärten rings um das „Schwäbische Meer" bieten sich geradezu als Touristenzentrum an.

Hessen

SEITE 164—185

Der Odenwald mit Bergstraße und dem Gebiet bis hin zum Rhein, das untere Maintal, Taunus und Ausläufer des Westerwaldes, das Hessische Bergland mit Vogelsberg und Rhön, das Bergland zwischen Werra und Fulda, Eder und Diemel – sie alle zusammen bilden das Bundesland Hessen. Nicht zu flach und nicht zu hoch liegt die Landschaft vor dem Betrachter, das Bild wird angenehm unterbrochen von bewaldeten Höhen, saftigen Wiesen, Obstplantagen, Fachwerk-Dörfern, Flußtälern; das Klima ist ausgeglichen wie die Landschaft, wenn man vom Rheingau oder vom Mündungsgebiet des Mains absieht, wo der Frühling ein paar Wochen früher und der Winter ein wenig später Einkehr halten. Zum Lande Hessen gehört auch Rüdesheim, Rummelplatz des deutschen Weines. Wer den Betrieb in der dortigen „Drosselgasse" auch nur einmal erlebt hat, wird einer Meinung sein.

Ruhiger, gesitteter geht es zu in solchen Kurorten wie Wildungen, Hersfeld, Salzschlirf, Nauheim, Salzhausen, Soden, Orb, Homburg, Schwalbach oder Wiesbaden (zugleich die Landeshauptstadt).

Viehzucht, Ackerbau, Obst- und Weinbau sind wichtige Ernährungszweige Hessens. Doch der Raum um Frankfurt hat sich zu einem gewaltigen Industriezentrum entwickelt: Chemie, Nahrungsmittel, Glas, Maschinen. Die Handelsstadt Frankfurt ist Sitz der Bundesbahnverwaltung, der Deutschen Bundesbank und einer Reihe von staatlichen und wirtschaftlichen Verwaltungen. Offenbach, in seiner unmittelbaren Nähe, genießt zwar – zu Recht – den Ruf, die deutsche Lederwarenstadt zu sein. Weit weniger bekannt sind andere Industriezweige: Schriftgießerei, chemische und metallverarbeitende Fabriken. Außerdem besitzt Offenbach einen nicht unbedeutenden Hafen, eine Natron-Lithium-Quelle und ein Renaissanceschloß (1572 erbaut) mit einem hübschen Treppenturm, einem zweigeschossigen Balkon und reichverzierten Arkaden.

Hanau erzeugt Gold- und Silberwaren, verarbeitet Platin, besitzt große Gummiwerke und Diamantschleifereien sowie eine beachtliche Holzindustrie. In dieser Stadt wurden übrigens die Brüder Grimm (Grimms Märchen) geboren.

Alsfeld (am Vogelsberg) gilt allgemein als eine der schönsten Städte Hessens: das alte Fachwerkrathaus mit den Türmchen, Giebeln und Erkerchen steht auf einem Arkadenfundament als Prunkstück des Marktplatzes. Hier ist allerdings auch der Marktplatz von Melsungen zu erwähnen.

In Fulda, der alten Bischofsstadt, liegt Bonifatius, der Apostel der Deutschen (754 erschlagen), im Dom begraben. Dort wird auch die Bibel gezeigt, die er in der Hand gehalten haben soll und die vom Schwert seines Peinigers (oder von einer Streitaxt) durchtrennt wurde. Heute finden alljährlich die Konferenzen der deutschen Bischöfe in Fulda statt. Sehr hübsch auch das Schloß mit Orangerie und das Barockviertel beim Dom sowie die Michaelskirche (820 erbaut).

Hessen läßt sich ohne Übertreibung als das Land der Schlösser und Burgen bezeichnen: Braunfels (1260 erbaut) hoch über dem Lahntal, Runkel an der Lahn, Gießen mit Renaissanceschloß, Schloß Büdingen (nördlich von Hanau), Schloß Lich (Wetterau), Hadamar (16. Jahrhundert), Kassel-Wilhelmshöhe (1786—1798), Schloß Hanau und schließlich Weilburg, wo König Adolf von Nassau das Licht der Welt erblickte. Und natürlich nicht zu vergessen die halbzerfallenen Ruinen auf den Bergen entlang des Rheins.

Rheinland-Pfalz

SEITE 186—197

Die Tatsache, daß Rheinland-Pfalz als einziges deutsches Bundesland einen eigenen Minister für Weinbau benötigt, spricht für sich: 70 Prozent der gesamten deutschen Weinanbaufläche und gar 80 Prozent der gesamten deutschen Weinernte sind rheinland-pfälzischen Ursprungs. Die „Deutsche Weinstraße" der Pfalz, das Gebiet von Nahe, Mosel, Ahr, Ruwer, des Rheingaues und des Mittelrheines, sie alle gehören dazu. Wie die Karte einer erlesenen Weinstube lesen sich die Namen der Städte und Dörfer – alles große und bekannte Wein-Namen.

Das Land selbst ist ein wenig bunt zusammengewürfelt. Es reicht vom Rhein auf der Höhe von Karlsruhe bis hinauf zum Westerwald und über die Sieg hinaus (im Osten), vom Saarland bis zur Schnee-Eifel (im Westen) und Bad Neuenahr (im Norden).

Das ehrwürdige Mainz (bereits im Jahre 1254 Haupt des Rheinhessischen Städtebundes) ist nicht nur eine Hochburg des Karnevals, es ist auch Mittelpunkt des deutschen Weinhandels, bekannte Sektstadt und Sitz einer Universität. Speyer (romanischer Dom aus dem 11. Jahrhundert) besitzt das einzige deutsche Weinmuseum. In der Stadt tagten 50 Reichstage (1526 wurde hier die Ausführung des Wormser Ediktes aufgeschoben), und von 1527 bis 1689 war sie sogar Sitz des Reichskammergerichtes. Koblenz am Zusammenfluß von Mosel und Rhein geht auf eine römische Gründung des Jahres 9 nach Christus zurück. Trier (Basilika, Kaiserthermen, Amphitheater, Porta Nigra) war vom 3. bis 5. Jahrhundert kaiserliche Residenz.

Idar-Oberstein könnte fast als der Bundesrepublik „wertvollste" Stadt angesprochen werden: ein Großteil seiner Bewohner betreibt die Edelstein- und Achatschleiferei, lebt vom Schmucksteinhandel oder der Schmuckanfertigung. Bad Kreuznach ist ein berühmtes Radium-Solbad und besitzt eine Lehr- und Forschungsanstalt für Wein- und Obstbau. Bad Neuenahr (Spielbank) wird wegen seiner heilsamen Therme (36 Grad Celsius) von Zucker-, Gicht- und Gallenkranken aufgesucht. Am nordwestlichen Zipfel des Landes, in der Eifel, werden seit 1927 alljährlich internationale Rennen am Nürburgring (28,3 km lang) ausgetragen.

Bad Ems, das Staatsbad an der Lahn, kurz vor der Einmündung des Flusses in den Rhein, erlangte – ohne es zu wollen – große historische Bedeutung. Bismarck hatte 1870 ein Telegramm Wilhelms I. von Preußen, das dieser aus Bad Ems abgesandt hatte, in verkürzter Form veröffentlicht. Es ging dabei über die Ablehnung der französischen Forderung zur spanischen Thronkandidatur. Durch die unvollständige Veröffentlichung war der Sinn des Telegramms entstellt, und Frankreich erklärte den Krieg. Der gesamte Vorgang ist als „Emser Depesche" in die Geschichte eingegangen. Ein Stück Mittelalter offenbart sich uns in einem verschwiegenen Seitentälchen der Mosel. Mitten im Wald erhebt sich die Burg Eltz.

In der Neujahrsnacht 1813/14 ging Blücher bei Kaub über den Rhein, dort, wo sich auf einer kleinen Insel „Die Pfalz" erhebt. Nur ein kleines Stück rheinabwärts, bei St. Goar, grüßt Bundesdeutschlands Fremdenverkehrs-Attraktion erster Ordnung, der Lorelei-Felsen, alle vorbeifahrenden Schiffe. Kein Touristendampfer, auf dem beim Passieren dieser Stelle nicht Heinrich Heines Lied „Ich weiß nicht, was soll es bedeuten ..." gespielt und gesungen würde.

Dabei vermag eine Flasche guten Weines, mit Bedacht getrunken, uns vielleicht ein größeres Erlebnis dieser Landschaft zu vermitteln ...

20

Saarland

SEITE 198—201

Am 1. Januar 1957 kam das Saarland als 10. Bundesland zur Bundesrepublik Deutschland. Dieses wichtige Industriegebiet wurde jahrzehntelang zum Streitobjekt zwischen Frankreich und Deutschland. Durch eine Bestimmung im Versailler Vertrag kam das Saargebiet im Jahre 1920 für 15 Jahre unter die Verwaltung des Völkerbundes. Die Kohlengruben wurden von Frankreich verwaltet und auch ausgewertet. Eine Volksabstimmung im Jahre 1935 ergab eine überwältigende Mehrheit für die Rückkehr nach Deutschland: 90,5 Prozent aller Wähler sprachen sich dafür aus.

Nach dem letzten Krieg wurde das Saarland durch Verordnung der französischen Militärregierung eine eigene Verwaltungseinheit mit eigenen Grenzen. Ziel der Maßnahme war es, Frankreich abermals eine günstige Möglichkeit zur Verarbeitung seines lothringischen Minette-Erzes zu geben. Im Jahre 1948 schließlich kam die Zoll- und Währungsunion mit Frankreich und zwei Jahre später der Vertrag über die Verpachtung der saarländischen Kohlengruben an Frankreich. 1955 lehnte die saarländische Bevölkerung mit Zweidrittelmehrheit dieses Saarabkommen ab, und 1957 kam das Land zur Bundesrepublik. Es dauerte noch zwei Jahre, bis die wirtschaftliche Angliederung abgeschlossen werden konnte.

Der jahrzehntelange französische Einfluß auf das Saargebiet hatte auch sein Gutes. Eine Reihe von Gewohnheiten wurden von der Saarbevölkerung aus dem Französischen übernommen. Nicht zuletzt die Art, zu kochen und zu essen: gut und reichlich, mit Kultur, mit einer gewissen Raffinesse. Der saarländische Bergmann hat, im Gegensatz zum Kumpel des Ruhrgebietes, seine Bindung an das Land, ans bäuerliche Leben nicht so stark, vielfach überhaupt nicht verloren. Er beackert sein eigenes Feld, bewirtschaftet seinen kleinen Hof, hat sich also eine gewisse materielle Unabhängigkeit bewahrt und verfügt über die für den Bauern so wichtigen Geldmittel.

Wichtigste Industriezweige des Saarlandes sind die Kohlenförderung, die Eisenerzeugung und die Herstellung von Glas, Keramik, Papier und die Holzverarbeitung. Immerhin ist etwa ein Drittel des ganzen Landes von Wald bedeckt, und zwar vorwiegend von Buchen. Dieser Baum kann geradezu als das Wahrzeichen des Saarlandes angesprochen werden. Hauptstadt und zugleich Kulturzentrum ist Saarbrücken. Die Stadt ist wichtiger Handels- und Verkehrsknotenpunkt, besitzt einen Rundfunk- und Fernsehsender, zahlreiche Industriewerke (Eisen, Holz, Papier, Textilien) und veranstaltet alljährlich, als repräsentativen Querschnitt der Leistungen des Landes, die Saarmesse. Völklingen zählt zu den bedeutenden Hütten- und Industriestädten, unterhält Kraftwerke und eine Großkokerei. Mettlach, einstmals nur ein Kloster, entwickelte sich im Laufe der Jahrzehnte zu einem beachtlichen Keramik-Zentrum. Die Arbeiter siedelten sich nach und nach um das Kloster an. Dillingen lebt von der Schwerindustrie, aus Siersburg (von einer hübschen Ruine überragt und mit vielen abgeschiedenen Ausflugszielen) kommen Stahlsilos und andere Stahlbaukonstruktionen. Trotz so geballter Industrie kann man das Saarland nur schlecht mit anderen Industriegegenden vergleichen. Hier hat sich der Mensch noch ungleich mehr Reservate zu Erholung und Naturverbundenheit bewahrt als anderswo. So könnte man gar versucht sein, das Saarland als Fremdenverkehrsgebiet zu preisen. Wer dort hinfährt, braucht es keinesfalls zu bereuen.

Nordrhein-Westfalen

SEITE 202—231

Das Wappen dieses Bundeslandes erzählt dem Heraldiker alles über seine Entstehung: im linken Feld der Rhein, im rechten das Westfalen-Roß und in der Schildspitze die lippische Rose. Teile der ehemals preußischen Rheinprovinz, die Provinz Westfalen und das Land Lippe wurden nach dem Krieg zu Nordrhein-Westfalen zusammengeschlossen. Im Nordosten der Teutoburger Wald, im Süden das Siebengebirge, im Südosten Sauerland und Rothaargebirge, im Südwesten die Eifel und im Westen das Hohe Venn umschließen der Bundesrepublik größtes und wichtigstes Industriezentrum, das Ruhrgebiet.
In dem Gewirr von Häusern und Hochöfen, von Zechen und Fabriken erinnern den Unkundigen eigentlich nur Ortsschilder daran, wo Oberhausen oder Dortmund, Essen, Wuppertal oder Mülheim, Gelsenkirchen oder Duisburg aufhören oder beginnen. Dennoch: das Ruhrgebiet ist nicht nur eine einzige Staubwüste. Wer das erwartet, wird angenehm enttäuscht. Der Gruga-Park von Essen könnte jedem Kurort zur Ehre gereichen. Das Gebiet um den Baldeney-See läßt die Nähe von Hochöfen und Fabriken vergessen. Und die Anlagen am Rhein oder gar die Königsallee von Düsseldorf, kurz „Kö" genannt, strahlen Eleganz und Gepflegtheit aus.
Aus dem Raum Lage, Lemgo, Detmold kommen Möbel, Aachen wird in Verbindung mit edlen Tuchen, mit Schokolade oder Printen genannt. Düsseldorf zählt zu den Stahl- und Walzwerkstätten, besitzt zahlreiche Werke der Nahrungs- und Genußmittelindustrie und gehört zu den führenden Waschmittel-Zentren. Münster im Norden, am Dortmund-Ems-Kanal gelegen, ist „historischer Boden". Hier wurde 1648 der Westfälische Frieden geschlossen.
In Warendorf an der Ems befindet sich das westfälische Landesgestüt mit dem Olympischen Reiterkomitee, und Bünde gilt als Bundesdeutschlands Zigarrenstadt.
Nach dem Westen zu grenzt das Land an Belgien, im Nordwesten an Holland. Die Dialekte dieser Landstriche sind hüben und drüben gleich, sie lassen die Grenzen vergessen.
Die weiten Ebenen des Niederrhein-Gebietes mit den typischen Bauernhäusern bei Xanten (gotischer Dom, 13. bis 16. Jhdt., römisches Amphitheater), bei Kleve oder Wesel (Schinkels Denkmal der elf Schillschen Offiziere) besitzen einen ganz anderen Charakter als etwa die romantische Landschaft am Rhein beim Drachenfels.
Nirgendwo in einem anderen Bundesland liegen Geschäftigkeit und Beschaulichkeit so dicht beisammen wie hier. Wasserburgen am Niederrhein, riesige Bauernhöfe, weit übers Land verstreut und wie Schlösser inmitten ihres Besitzes gelegen, Windmühlen, Pferdekoppeln, Viehweiden, die Täler von Lippe und Ruhr, von Sieg und Ems unterbrechen wohltuend die Silhouetten der Fördertürme und Fabrikanlagen in den Industriestädten dieses hektisch-betriebsamen Landes. Zwei Welten, die miteinander auskommen müssen.
Dortmunder Biere, klare Schnäpse, westfälischer Schinken, vorzügliche Wurst, sie sind in der Welt ebenso Qualitätsbegriffe wie etwa Solinger Messer und Schneidwaren, Kölnisch Wasser, Essener Stahl oder Krefelder Krawatten. Auf der einen Seite ein industrieller Fortschritt, der in seinem Tempo beängstigen kann, auf der anderen Seite aber die wohltuende westfälische „Dickschädligkeit" der Bauern, die am Althergebrachten immer noch festhalten will.

Niedersachsen

SEITE 232—251

Im Süden an Hessen und Nordrhein-Westfalen, im Westen an Holland angrenzend, umfaßt Niedersachsen auch das Gebiet von Ostfriesland und reicht bis an die Elbe mit Hamburg und Schleswig-Holstein. Mit anderen Worten: Niedersachsen umfaßt das Gebiet der ehemals preußischen Provinz Hannover, Oldenburgs, Braunschweigs und Schaumburg-Lippes. Bestimmen im Süden Fachwerkhäuser das Landschaftsbild, sind es in der Gegend um Cloppenburg etwa die typischen „Niedersachsenhäuser" mit den gekreuzten Pferdeköpfen am Giebel, so gehören zu Ostfriesland die Katen an der Küste und die Backsteinhäuser der Bauern etwas landein.

Niedersachsen ist abwechslungsreich wie selten ein anderes Land: der Harz mit seinen nach Norden und Westen steilabfallenden, bewaldeten Bergen; die Weite der Lüneburger Heide, belebt von blühendem Heidekraut, von Wacholderbäumen, von Heidschnuckenherden; Ostfrieslands fruchtbares Küstengebiet mit den imposanten Bauernhöfen, bei denen Mensch und Vieh unter einem Dache leben; Häfen wie Emden, Wilhelmshaven, Cuxhaven haben einen anderen Charakter als Fischereiplätze wie Karolinensiel, Bensersiel, Neuharlingersiel; die Ostfriesischen Inseln (Borkum, Juist, Norderney, Baltrum, Langeoog, Spiekeroog, Wangerooge) werden im Sommer (manche neuerdings auch schon im Winter) von Hunderttausenden besucht, verändern also jahreszeitenbedingt ihr Gesicht; im Emsland schließlich beleben Fördertürme für Erdöl den Horizont.

Im „Alten Land" besitzt Niedersachsen seinen „Obstgarten", ein beliebtes Ausflugsziel zur Zeit der Baumblüte im Frühjahr. Aus Wolfsburg kommt der Volkswagen. Diese Stadt wurde buchstäblich aus dem Boden gestampft. Hannover ist nicht nur Hauptstadt des Landes, es gehört auch zu den bedeutendsten Industriestädten der Bundesrepublik: Gummi, Nahrungsmittel, Fahrzeuge, Chemie. Und schließlich nicht zu vergessen: Stätte einer der wichtigsten Industrie-Messen Europas, so etwas wie Deutschlands technisches Schaufenster.

Als Reiterstadt (Pferdezucht; Turniere) besitzt Verden an der Aller ein Pferdemuseum. Neben verschiedenen alten Baudenkmälern verdient der Dom (11. bis 15. Jhdt.) besondere Beachtung, ebenso eine Sammlung bedeutender Steinzeitfunde. Braunschweig, einstmals Mitglied der Hanse, entfaltete seinen Reichtum als Stadt an der West-Ost-Handelsstraße. Zeugen seiner reichen Vergangenheit sind annähernd hundert Fachwerkhäuser aus dem 15. bis 18. Jahrhundert, der Dom mit dem Grab Heinrichs des Löwen und das prächtige Rathaus.

Städte wie Goslar (Kaiserpfalz, gotische und barocke Bauten), Hildesheim (romanischer Mariendom, an die 200 Fachwerkhäuser sind noch erhalten) oder Hameln (berühmt durch seinen Rattenfänger, bedeutender allerdings durch seine alten Bauten, seine Nahrungsmittelindustrie, seine Mühlen) sind historische Orte, traditionsreich und traditionsbewußt wie vieles in Niedersachsen. Hannover wurde 1692 Kurfürstentum, 1714—1837 Personalunion mit Großbritannien, war 1814—1866 Königreich und wurde dann eine preußische Provinz.

Neben Ackerbau, Viehzucht, Schiffahrt und Fischerei gehören heute die Ausbeutung von Bodenschätzen wie Kali, Salz, Braunkohle, Eisenerz und Erdöl sowie eine vielfältige Industrie zum Broterwerb des Landes.

Bremen

SEITE 252—255

Was Flächenausdehnung (rund 405 km^2) und die Zahl der Einwohner anlangt, ist das „Land Bremen" das weitaus kleinste deutsche Bundesland. Doch auf gar keinen Fall das unbedeutendste. Die Stadt besitzt eine reiche und lange Vergangenheit. Bereits 787 wurde sie zum Bischofssitz erwählt und 845 gar zum Erzbistum erklärt. 120 Jahre später erhielt sie das Marktrecht, und im Jahre 1258 trat sie dem Bund der Hanse bei. Dieser Bund, ursprünglich als Zusammenschluß von Kaufleuten gegründet, weitete sich später zum Städtebund aus, dem in seiner Glanzzeit 90 Städte des Küstengebietes und des Binnenlandes angehörten.

Bremen wurde 1646 zur Freien Reichsstadt erklärt. Von der Stadt nahm die Bekehrung des norddeutschen Raumes ihren entscheidenden Ausgang, und ein selbstbewußtes Kaufherrentum schuf kulturhistorische Werte, die die Jahrhunderte überdauert haben. Zu den besonderen Prachtbauten gehört das Rathaus mit seiner Renaissancefassade. Auf dem freien Platz davor hält Roland, der steinerne Riese, Wacht. Als zweitgrößter Seehafen und Binnenschiffshafen geht ein gewaltiger Teil des gesamten deutschen Warenumschlages über diese Stadt. So befindet sich hier die Baumwollbörse. Tabake aus Übersee werden nicht nur in Bremen umgeschlagen, ein großer Teil davon wird hier auch gleich verarbeitet: zu Zigarren, Zigaretten und Rauchtabak. Ähnlich verhält es sich mit Kaffee, der ungebrannt eingeführt wird. Bremen besitzt zahlreiche Kaffeeröstereien. Tee, das Nationalgetränk des benachbarten Ostfriesland, wird ebenfalls größtenteils über Bremen eingeführt. Wollkämmereien und Jutespinnereien, Maschinenfabriken, Silberwarenindustrie, Schiffswerften, Wein-Import-Häuser, unzählige Handelskontore und Lagerhausfirmen bereichern das Wirtschaftsleben. Ein Institut für Seeschiffahrt und eine Seefahrtschule sorgen für neue Forschungsergebnisse und Nachwuchs auf dem lebensnotwendigsten Gebiet dieser Stadt: auf dem Gebiet der Schiffahrt. Ein großer Teil der eingeführten Waren, darunter auch Holz, verlassen nach einem Veredelungsprozeß oder ihrer Verarbeitung die Stadt wieder auf dem Wasserwege. Und natürlich auch zahlreiche Exportgüter aus dem Binnenland.

Weserabwärts, an der Mündung in die Nordsee, liegt Bremerhaven, der führende Fischereihafen des europäischen Kontinents, zugleich größter deutscher Passagier- und Auswandererhafen. Viele große Überseeschiffe, die die Weser nicht bis Bremen passieren können, legen hier an. Berühmtester Liegeplatz für Ozeanriesen: die Kolumbuskaje. Zu den ganz großen Erlebnissen gehört eine Rundfahrt durch den gewaltigen Fischereihafen. Riesige Auktionshallen, in denen der angelandete Fang versteigert wird, dazwischen Handelshäuser und Fischkonservenfabriken sowie Futtermühlen für die anfallenden Abfälle. Alljährlich zu Beginn des Heringsfanges begeht die Stadt ein großes Fest. Im übrigen ist Bremerhaven eine typische Hafenstadt: ganze Straßenzüge bestehen nur aus Seemannskneipen, und alle finden genügend Gäste. Und natürlich fehlt es auch nicht an den dazugehörigen „Seemannsbräuten". Wie sehr diese Stadt mit dem Meer lebt, das erkennt man an den Gesprächen, die am Stammtisch, beim Kaufmann oder im Wartezimmer des Arztes geführt werden: ankommende Schiffe, was haben sie geladen, wie war der Fang, wann geht es wieder hinaus auf große Fahrt. Dinge, die hier jeden interessieren. Denn die Stadt lebt nicht nur mit dem Meer, sie lebt auch von ihm.

Hamburg

SEITE 256–259

Bundesdeutschlands größte Stadt ist zugleich ihr zweitkleinstes Land: die Freie und Hansestadt Hamburg. Obwohl über 100 km von der Nordsee entfernt, ist sie doch Deutschlands größter See- und Binnenschiffhafen. Riesige Schiffe kommen bis mitten in die Stadt gefahren. Allein der Freihafen besitzt die Größe einer durchschnittlichen Kleinstadt. Hier werden Waren zollfrei ein- und ausgeführt, das Gelände gilt als Zollausland.
Hamburg geht ursprünglich wohl auf eine Burg, die Hammaburg, zurück. 831 wurde es Bistum, 834 Erzbistum. Im Jahre 1241 schloß die Stadt mit Lübeck einen Schutzvertrag, der die Grundlage der deutschen Hanse bildete. Im Jahre 1815 erhielt Hamburg die Rechte einer freien Stadt, und im Jahre 1937 entstand durch verschiedene Eingemeindungen der Raum „Groß-Hamburg". Im Jahre 1914 besaß Hamburg mit der HAPAG (Hamburg-Amerikanische Paketfahrt-AG) die größte Reederei der Welt. Zahlreiche Reedereien unterhalten ständige Liniendienste nach Übersee und Europa. So trägt die Stadt mit Fug und Recht das Prädikat „Tor zur Welt". Gewaltige Industriewerke schaffen Hunderttausenden aus der Umgebung der Stadt Erwerbsmöglichkeiten. Große Werften (Stülcken, Blohm und Voß), Fischkonservenfabriken, Ölmühlen, Margarinewerke, Kakaoveredler, chemische Werke, Gummifabriken, Maschinenbaufirmen, Mühlenwerke, Zigarettenfabriken, Lebensmittelhersteller – die Liste ließe sich beliebig fortsetzen. Mit anderen Worten: es gibt (fast) nichts, was es in Hamburg nicht gibt.
Eine, wenn auch manchmal traurige, Berühmtheit hat Europas größtes Vergnügungsviertel erlangt, die Reeperbahn. Ursprünglich für Seeleute gedacht, die sich hier nach langer Fahrt zerstreuen sollten, gehört St. Pauli (wie das Viertel auch heißt) eigentlich nunmehr zu den ganz großen Fremdenattraktionen. Omnibusweise kommen Reisegesellschaften aus Skandinavien hierher, um sich ein wenig die „Luft der Sünde" um die Nase wehen zu lassen.
Reizvoll (und ganz billig) dagegen ist eine nächtliche Fahrt auf einem der Linienschiffe von den St.-Pauli-Landungsbrücken bis Finkenwerder und zurück. Pausenlos fahren Schiffe aller Größe und aller Herkunftsländer vorüber, festlich beleuchtet. In diesem Betrieb, begleitet vom Lärm der Hafenschlepper und der Schiffsirenen, bekommt man einen wirklichen Eindruck dieser Weltstadt. Sonntags sollte man sich in Altona oder Blankenese in eines der Lokale an der Elbe setzen, oder gleich, ein Stück weiter elbabwärts, ins „Willkommhöft". Hier werden alle ein- und auslaufenden Schiffe begrüßt oder verabschiedet. Hier erfährt auch der ahnungslose Binnenländer etwas über die Seefahrt, er hört, was die Schiffe geladen haben, woher sie kommen, wohin sie fahren. Auch das wird den Fremden erstaunen: abends ist die Innenstadt Hamburgs, abgesehen vom Viertel um den Bahnhof, ausgestorben, und an den Wochenenden halten viele Lokale ganz geschlossen. Hamburg ist eine Stadt, in der hart gearbeitet wird. Doch abends fahren Hunderttausende an den Stadtrand, wo sie ein Häuschen haben oder sonstwie im Grünen wohnen. Den schönsten und umfassendsten Überblick bekommt man vom Flugzeug aus. Die Handelshäuser und Lagerschuppen, die Hafenbecken und die Elbe, der Ölhafen und die Kanäle, die Alster und die grünen Randbezirke der Stadt – erst von der Luft aus sieht man das alles und erkennt, wie schön Hamburg doch ist. Trotzdem sollte man eine Hafenrundfahrt nicht versäumen.

Schleswig-Holstein

SEITE 260—275

Geographisch gesehen, gleicht das nördlichste Bundesland einer Brücke nach Skandinavien: im Westen die Nordsee, im Osten die Ostsee, grenzt das Land im Norden an Dänemark. Lediglich der Südteil liegt, einem Brückenkopf vergleichbar, in Niedersachsen und Hamburg verankert. Der Bindestrich zwischen beiden Namen könnte die Vermutung aufkommen lassen, daß es sich hier auch um eine verhältnismäßig junge Schöpfung handelt, um ein sogenanntes „Bindestrich-Land", wie etwa Nordrhein-Westfalen, Baden-Württemberg oder Rheinland-Pfalz.

Bereits im Jahre 1386 vereinigten sich das Herzogtum Schleswig und die Grafschaft (ab 1474 ebenfalls Herzogtum) Holstein miteinander. Das baumreiche Hügelland im Osten eignet sich vorzüglich zu Ackerbau und Viehzucht. An der Küste selbst bilden die tiefeingeschnittenen Förden ideale Häfen für Schiffahrt und Fischerei: Flensburg, Schleswig, Eckernförde, Kiel, Lübeck. Gleichzeitig werden in diesen Städten Schiffe gebaut, der Fischfang verarbeitet und die von den Schiffen aus aller Welt angelandeten Rohstoffe veredelt.

Im Westen des Landes weite Ebenen, deren Schlickboden günstige Voraussetzung für die Mastviehzucht bildet. Der Küste vorgelagert, im Wattenmeer, liegen die Nordfriesischen Inseln: Sylt, Föhr, Amrum, Langeness, die Halligen (Hooge, Pellworm). In den Sommermonaten erleben sie einen gewaltigen Ansturm von Feriengästen. Kein Winkel, der nicht von Sonnenhungrigen und Badelustigen dankbar gemietet würde. Eine wichtige internationale Schiffahrtsstraße, der Nord-Ostsee-Kanal, führt mitten durch das Land: von Holtenau an der Kieler Förde über Rendsburg bis Brunsbüttelkoog an der Elbmündung; 99 km lang, etwa 100 m breit. Während die Eisenbahn den Kanal auf einer 7 km langen Brücke, 42 m hoch, bei Rendsburg überquert, rollt der Straßenverkehr durch den neu erbauten Tunnel unter dem Kanal durch.

Schleswig, der Fischereihafen an der Schlei, besitzt in seinem gotischen Dom (1268—1711) den berühmten Bordesholmer Altar von Hans Brüggemann. Zwischen Kiel und Lübecker Bucht liegt die Holsteinische Schweiz: ein Hügelland, von zahlreichen Seen durchzogen, mit den Orten Plön, Malente und Eutin. Heide gehörte einstmals zur selbständigen Bauernrepublik Dithmarschen. Heute befindet sich dort eine riesige Erdölraffinerie. Husum, die „graue Stadt am Meer", ist die Heimat von Theodor Storm. Travemünde, Westerland, Kampen gehören zu den eleganten Badeorten. Eine Unzahl kleinerer sind nicht weniger reizvoll, dafür aber erheblich billiger. Kiel richtet alljährlich bei der „Kieler Woche" eine international beschickte Segelregatta aus. Lübecker Marzipan, Kieler Sprotten, Aal, Rum und scharfe Schnäpse aus Flensburg, das sind nur ein paar Spezialitäten des Küstenlandes. Doch auch Fisch, in einem der kleinen Orte lecker zubereitet, muß dabei erwähnt werden.

Photographen finden in Schleswig-Holstein eine Überfülle hübscher Motive: heimkehrende Fischerboote, die niedrigen Häuser, Trachten von Wyk auf Föhr, das Schloß Glücksburg, Lübecker Backsteinbarock, stattliche Bauernhöfe, alte Wehrkirchen, verwitterte Windmühlen oder schwarzgeflecktes Vieh auf der Weide.

Doch noch viel reizvoller ist es, nicht zu photographieren, nicht auf allzu große Entdeckungstouren zu gehen, sondern einfach gar nichts zu tun. Nur in der Sonne zu liegen, sich richtig zu erholen.

Berlin

SEITE 276–279

Ehemalige Reichshauptstadt, Sitz der Regierungen zweier Reiche, in dieser Rolle gewann das alte Berlin Weltgeltung. Das Inferno der letzten Wochen des zweiten Weltkrieges zerschlug vieles von dem, was einstmals die Größe dieser Metropole ausgemacht hatte. Geblieben sind mehr als drei Millionen Menschen, die ihre Rechte auf friedliches Beieinander, auf Vergnügen und Zerstreuung anmelden.
Im Juli 1945 wurde Berlin von den Siegermächten in vier Besatzungssektoren aufgeteilt. Die Vier-Sektoren-Stadt unterstand fortan der obersten Staatsgewalt in Deutschland, dem Alliierten Kontrollrat. Zunächst übernahmen die vier Stadtkommandanten als „Interalliierte Kommandantur“ die Verwaltung und übertrugen einen Großteil der damit anfallenden Aufgaben dem deutschen Magistrat. Berlin – eine Einheit. Doch Gegensätze unter den Siegermächten erwiesen sich als zu tief, um diese Einheit auf die Dauer garantieren zu können.
So kam es im Juni 1948 (Währungsreform) zu einer Spaltung des politischen Lebens und der Verwaltung der Stadt, zur Blockade Berlins. Bis zum Mai 1949 waren die wichtigen Zugangswege gesperrt, der Nachschub mit dem Nötigsten erfolgte durch die alliierte Luftbrücke. Sinn dieser Blockade sollte sein, die Westmächte zur Aufgabe ihrer Sektoren zu veranlassen. Der östliche Teil der Stadt wurde in die 1949 gegründete DDR eingegliedert, West-Berlin dagegen in das Rechts-, Wirtschafts- und Finanzsystem der Bundesrepublik Deutschland verflochten und erlebte mit dieser einen wirtschaftlichen Aufschwung.
Am 13. August 1961 schließlich kam es zum Bau der Mauer. Damit war die Spaltung Berlins zunächst besiegelt. Erst das Viermächte-Abkommen vom 3. September 1971 wird die Isolierung überwinden und den West-Berlinern den Weg zum Ostteil der Stadt und in die DDR wieder öffnen.
Zwei Machtblöcke mit unterschiedlicher Gesellschaftsordnung suchen ihr Selbstverständnis in dieser Stadt zu dokumentieren. West-Berlin ist in seiner Lebensfähigkeit nicht beeinträchtigt; es ist voll in das Wirtschafts- und Finanzsystem des Bundes integriert. Die Rechts-Einheit zwischen Berlin und der Bundesregierung ist gewährleistet. Alle bestehenden Bindungen genannter Art werden durch das Viermächte-Abkommen von 1971 bestätigt. Darüber hinaus garantiert es den ungehinderten Verkehr auf den Zugangswegen nach Berlin: derzeit drei Luftkorridore, acht Bahnlinien, fünf Straßen und zwei Wasserwege.

Der neutrale Beobachter muß – unvoreingenommen – anerkennen: auf beiden Seiten wurde viel geleistet. Vieles Gute und manches, das noch einmal überdacht werden sollte. Die Leistungen der Wirtschaft dieser Stadt, beiderseits der Mauer, und die der Kultur sind beachtlich.
Berliner Humor, Schlagfertigkeit und Lebensart – sie sind immer noch diesseits und jenseits der Mauer zu Hause. Nicht zuletzt damit haben die Berliner all die Jahre der doppelten Währung, der Blockade und des Hin- und-Hergeworfen-Seins zwischen zwei Machtblöcken heil überstanden.

The Federal Republic of Germany

The Federal Republic of Germany – quite a clear and precise statement of the theme of a book of pictures such as this, or so it would seem. From the optical aspect, capable of an undoubtedly brilliant solution simply by the making of a mosaic composed of the loveliest and most interesting motifs in this region. Difficulties appear, however, when it is a matter of presenting and describing this part of the country, as an entirety, in words. The Federal Republic of Germany is really only one part of a greater Germany. So it would mean giving only a half-solution to the problem if a second volume were not to follow this, when occasion arises: a book about the German Democratic Republic. This volume we announce, however, here and now.
Germany – what is it essentially? Perhaps a clearly defined cultural sphere, an entirety in respect of the customs and habits of its inhabitants? Clearly one can say "not at all". Perhaps a state formed by circumstances and the natural course of events, comparable to England, Italy or France? This also must be denied categorically. A uniform, German-speaking area? "Yes!" but it is a hesitant "yes", for immediately doubts arise. Certainly, in the North as in the South, literary German is taught, written and spoken to the same extent: it is the German of all literary works and of the schools. But among themselves, the people use incomparably livelier, more graphic and colourful dialects which still have nothing or, at the most, little in common that the ear can note. Thus one is forced to the conclusion that the pursuit of power by the princes and political despots has joined together what is really not homogeneous. Only history can give the answer to that proposition.
The historical beginnings of the region under discussion are lost in the mists of prehistoric time. Finds dating from the Stone and Iron Ages, the Bronze Age and other early periods are known, it is true. Only in few and rare instances can any exact connection be established even by research. A true picture of those days can probably no longer be reconstructed; it will never be more than fragments from the past. Nevertheless we know enough nowadays to say that Germanic prehistory can be traced back to about the 8th cent. B. C. Various museums show us many details of the way of living of the Germanic tribes, of their clothing, their implements, eating habits, customs and of their burial practices.
About the time of Christ's birth, the Romans penetrated into the Teutonic sphere of existence, that is, into parts that now belong to Germany. They came as conquerors who also colonized. This steady invasion by the Romans caused these tribes – previously at considerable variance among themselves – to hold together. Armin the Cherusci defeated the Roman army under one Varus, in the Teutoburg Forest in the year 9 A. D.
What they had once conquered, the Romans never gave up without a struggle. So they came to protect the newly acquired land by the "Limes Germanicus", a rampart against North and East. The wall, with its little forts and guard towers, stretched from Kelheim in Bavaria to Rheinbrohl, a short distance downstream from Coblence. It had a length of about 356 miles. Its exact course can be traced even today by the excavations of more or less well-preserved remains throughout the south and the south-west regions. Especially interesting Roman relics, which incidentally need not belong to the "Limes" are to be found at Trier (Porta Nigra), at Mayence (Mainz, the citadel of Moguntiacum founded by Drusus), at Baden-Baden and Badenweiler. Many a road in this region owes its direction and foundation to Roman roadbuilders.
At the time of the great migration of peoples beginning about 250 A. D., the foundations were laid for a Germanic

empire. The Visigoths migrated across the Balkans to Italy, southern France and northern Spain. The Ostrogoths also arrived in Italy. The Vandals reached Africa, the Alemannians, Burgundians and Franks crossed over the Rhine, the Angles and the Saxons crossed to Britain and the Lombards came as far as Upper Italy. These waves of migration brought Germanic peoples into contact with Roman, or better still, with antique culture and naturally, also with Christianity. It was Clovis (466—511) who brought about the conversion of the Frankish Kingdom to a great extent, by Irish monks and St.Boniface. In Charlemagne (768—814) the sovereignty of an emperor was again acknowledged. His successors, however, shared among them what had been united with such difficulty. Otto I, called also the Great (936—973), and founder of the "Holy Roman Empire of the German Nation", undertook his marches on Rome; this is an ancient longing of the Germanic man, the possessive love of the South. Heinrich III (1039 to 1056) dominated the papacy whereas his successor, Heinrich IV (1056—1106) had to undertake a penitential journey to Canossa to Pope Gregory VII in the year 1077. The first Staufer to ascend the throne was Konrad III (1138—1152). Among these rulers, the most distinguished are: – Friedrich Barbarossa (1152—1190) and Friedrich II (1212—1250). From 1274—1437 there were sovereigns from various ruling families before the Hapsburgs seized the German Emperor's Crown in 1438. They were able to keep it till 1806. These were to prove four turbulent centuries. In chequered succession, trade expansion, economic hey-day, and the rise of the craftsmen in the social scale alternated with dreadful wars with pestilences, sieges and plundering.

During the regency of the Hapsburgs the Reformation took place. The Augustine monk, Martin Luther (1483 to 1546), Professor of Theology at Wittenberg, posted up the 95 Theses at the Castle Chapel there on the 31st October, 1517. By this act he wanted to put up a fight against abuses in the sale of indulgences. Three years later he published his works on the Reformation, which earned him the threat of excommunication. Before the Diet of Worms in 1521 he refused to recant and, as defence, affirmed, "Here I take my stand, I can do no other, God help me, Amen!" to the Emperor and his peoples. Proscribed in the Empire, he was taken to shelter in the Wartburg, a castle near Eisenach, by the knights of his electoral duke. There, under the pseudonym, Squire Jörg, he worked translating the New Testament. Once more in Wittenberg, he began with the establishment of the Evangelical Church. Violent disputes with both Pope and Emperor ensued; they were ended only by the Diet of Augsburg in 1530. Even provisional recognition of the Protestants was not attained before the Religious Peace of Augsburg, in 1555. During the Hapsburg times, and largely a consequence of the Reformation, there was a second event, the after-effects of which were to be felt in Germany for centuries, indeed even throughout Europe. This was the Thirty Years' War (1618—1648). On the pretext of religious and political antagonism between Catholics and Protestants, the ruling princes sought to enlarge their territories. The Diets took advantage of the opportunity to rebel against the absolutism of Ferdinand of Austria. The French, the Swedes and the Bohemians, the peoples of the Hapsburgs, of Bavaria and of the Palatinate all made war on one another and went pillaging and plundering their lands. The fortunes of war, with its aftermath, pestilences and famine, political murders (Wallenstein in 1634) and the arbitrary acts of all the participants were brought to an end by the Peace of Westphalia in 1648. This peace definitively brought recognition for the Protestants and the Reformed Church, but one third of the population of Germany had been wiped out.

In the year 1806, the Emperor, Franz II, relinquished the imperial crown of the "Holy Roman Empire". The impulse originating in the south, the ruling princes – except those of Prussia, Austria, Brunswick and the Electoral Prince of Hesse – had made an alliance, the Confederation of the Rhine. They did not realise that they were making common cause with Napoleon, and only supporting his ambitious plans. This League was dissolved by the War of Independence (1813—1815). Through the Revolution of 1848, the citizens were hopeful of counteracting endeavours to restore the pre-Napoleonic conditions. The National Assembly convened in St. Paul's Church in Frankfurt. The "Little Germany" idea prevailed and Friedrich Wilhelm IV declined the German Emperor's crown. In the year 1862 Bismarck became Prime Minister of Prussia and was, at the same time, Foreign Secretary. In the year 1867 he took over the office of Federal Chancellor of the North German Federation. After the war of 1870 and the victory over the French, he was successful in founding a German Empire once more. The King of Prussia was proclaimed German Emperor in the Mirror Hall at Versailles in the year 1871. For the German Empire a period of peace then began, a period of prosperity and self-satisfaction. The "Fatherland" idea steadily gained ground, nourished in no small measure by the three military victories of 1864, 1866 and 1870. The craftsmen and the middle classes achieved such a degree of progress as they had never known and golden days of prosperity. In those days, industrialisation began its expansion on an ever-larger scale.

The First World War (1914—1918) jerked Germany, and indeed, the whole world, out of such provincial tranquility. The initial enthusiasm for the war as a welcome adventure in a time that was boring in its satiety gave way to a nation's resignation in the years of hunger and defeat, of enormous battles annihilating men and material. The Kaiser abdicated. Revolution, inflation, unemployment and political hatred thus became the milestones on the road to the second, still more dreadful world-conflagration of the years 1939 to 1945. After a return to years of hunger, economic collapse and devaluation of the currency, the Federal Republic was formed out of one part of Germany. Fortune and industry contributed towards what is nowadays, for the most part proudly, designated as the "German economic miracle".

*

Historians must excuse this sketchy outline of our history, with this incomplete enumeration of the successive historic happenings. Our intention is only to indicate the events on which the development of a country depends and how long apparently unimportant decisions in the life of a nation can still continue to affect it. History has a formative and a destructive influence, constructs and demolishes, accentuates and gives rise to resignation. It surely cannot be denied that, in order to understand diverse historic facts, at least an approximate knowledge of their prior circumstances is needful. This fragmentary history of Germany is to be accepted in this spirit: a sketchy, thrown-in backdrop in front of which Germany has developed into what it is today.

Yes, but what is this Germany then – to return to the starting point of our meditation? Is it not the case that Bavaria often feels more closely related to its Austrian neighbour than to Schleswig-Holstein, say? Don't the Alemannians get on better with the Swiss or the Alsatians better than they do, say, with the people of the Ruhr District or of Lower Saxony? Or has the Westphalian not more sympathy with the Dutchman than with the man from Württemberg? And is it not possible that the bonds between the peoples of the Saarland and France are much stronger than the connections with Upper Franconians or Frisians, for instance? Yet, nevertheless, all the countries mentioned not only call themselves German, they are, indeed, German. To cast only a glance at the map is enough to make all these considerations and arguments clear. Between Flensburg and Constance, after all, lies a distance of some 562.5 miles. In the north, the land marches with Denmark; the waves of the North Sea and the Baltic break on its shores. In the south, on the other hand, the Alpine Range forms a frontier as natural as the ocean. In the west, the Rhine, for certain stretches, draws a frontier which is, however, not so impermeable that mutual influences cannot easily bridge over from one river bank to the other.

As one can see, an extensive area. Who can then be astonished when grave differences between the individual racial groups are discovered? Centuries of living by the same pattern naturally make their mark on the individual. In the coastal districts the sea determined – and still, to some extent, determines – the daily life of the people. Ebb and flow, storms accompanied by high-water, drifting ice or calm seas face them with immutable realities. In alpine districts again, such natural phenomena and forces as long, snowy winters and a dry, a warm or a wet summer constitute commonplace conditions. Rivers which flood frequently – for instance, near Passau – obey other laws than those governing a countryside in the Central Highlands or fertile plains or bogs or lakeland districts. Thus the inevitable result was that common troubles and common joys, work that was shared and shared anxieties bound together only those who lived in the same environment sharing the same living space and conditions. In such a way, different ways of speaking, different customs, habits and working methods varying regionally came about. The manner of eating, of drinking, of making merry or mourning as well as the way of clothing oneself – all these have their natural origin in their native countryside, without necessarily making innate cleavage lines as might appear at first glance.

As so divergent vernacular tongues of the various regions have been mentioned, we can now consider speech as a form of expression. This artistic means of self-expression is a kind of brace uniting a whole people. The words great minds have spoken or written become a joint legacy for the whole nation. Would it ever occur to a single Bavarian, a Westphalian or a native of Holstein to assert, with any trace of seriousness, that Goethe was a Frankfurt man or that Schiller belonged to Marbach? There was, too, one Walther von der Vogelweide (1170 to 1230). Besides his minstrelsy, he composed a series of what can, in the best sense, be called national songs. The historian and teacher, Conrad Arnold Bergmann therefore, justifiably designated him the "teacher and leader of the German people". There is the man, Johann Wolfgang von Goethe (1749—1832) who, in his "Faust" set up a generally accepted monument to the German as an individual (not only a person from Franconia, from Hesse or from Saxony, for instance). "Two spirits dwell in my breast – woe is me – " epitomises the individual of our country. His utter distraction and all his endeavours towards higher things are here expressed. The author ranks as the greatest of the Germans. His universal genius occupied itself with history, antiquity, the natural sciences and with problems common to all mankind. In addition, he composed numerous poems, essays,

dramas, dissertations and novels, the language of which ranks among the greatest cultural monuments of the entire world.
Then there is Friedrich von Schiller (1759—1805), the most famous of Württemberg's sons. His "The Robbers", his "Wilhelm Tell", his "Cabal and Love", his "Don Carlos" and his "Ode an die Freude" – have they lost an iota of their import in the course of a century and a half? The standards set by Schiller as a professor of history and philosophy in his treatises on "The Decline of the Netherlands" and "The Thirty Years' War" are universally applicable both as regards the assertions and the use of language.

It would be a sin of omission to neglect the mention of at least a few masters of the German tongue whose names are universally connected with the concept "German". Among these are: Gotthold Ephraim Lessing (1729—1781), whose works were avant-gardist among the German literature of his times, and whose writings on philosophy and aesthetics achieved world-wide renown; Friedrich Hebbel (1815—1863) famed for his "Judith", "Mary Magdalene", "Gyges and his Ring" and "Agnes Bernauer". Friedrich Hölderlin (1770—1843), who wrote "Hyperion", was a friend of Hegel's and of Schelling's; Theodor Storm (1817—1888) the poet of "Immensee", "Pole Poppenspäler", "Schimmelreiter" (The Rider on the White Horse), and Hans Carossa (1878—1956) whose writings include "The Year of Sweet Illusions", "Secrets of Mature Life", and "Gion, the Doctor".
Again, how many great musicians alone have had the power to make the word "German" world-famous? First there is Beethoven (1770—1827). Can one imagine the concert halls of the world deprived of his symphonies, his sonatas, his five piano concertos, and his violin concerto? Next, Richard Strauss (1864—1949) with his operas, songs, ballets and chamber music. Then there was Heinrich Schütz (1585 – 1672), who was the most important German composer of church music before Johann Sebastian Bach, and the creator of the first German opera, "Daphne". There is Johannes Brahms (1833 – 1897), the link between classical and romantic music, represented by four symphonies, music for the pianoforte and chamber concertos as well as choral music. Finally Richard Wagner (1813—1883), creator of the musical drama as a complete work of art, who introduced new instruments and the large orchestra. His own librettist, he took his material from history and from sagas. Among contemporary composers, we must name Werner Egk, Paul Hindemith and Carl Orff.
A further group must be added to these, also, the artists, even though we must risk making a bare and, even then, incomplete list. Their works are to be found in museums all over the world and they thrill the hearts of connoisseurs and admirers. Franz von Lenbach (1836—1904), a portraitist, one of the greatest of his time; Carl Spitzweg (1808—1885), the humorous master of the "Biedermeier"; Hans Thoma (1839—1924) the painter of the Black Forest and Taunus landscapes; Philipp Otto Runge (1777—1810) one of the great Romantics; Veit Stoß (1445—1533), painter, etcher and engraver; Albrecht Dürer (1471 to 1528) also painter, engraver and etcher and author of textbooks on perspective and proportion; Peter Vischer the Elder (1460—1529) and Peter Vischer the Younger (1487—1528) his son, both of whom were great brass-founders. Lucas Cranach the Elder (1472—1553), a painter and a carver of wood and Lucas Cranach the Younger (1515—1586) his son. Mathias Grünewald, the creator of numerous pictures and drawings was one of the greatest among German painters of all times. His most important work is the Isenheim Altar.

Intellectual power means no less to a nation than the power of the word. What scientists, research workers, doctors, physicists, philosophers, engineers or chemists have devised, discovered, constructed or invented can, as the past has shown, alter or influence the future of a people and will continue to do so. Hermann von Helmholtz (1821—1894), a physicist, is considered to be the inventor of the ophthalmoscope and was the founder of the Imperial Physico-Technical Institute. Peter Henlein (1480—1542) constructed the first pocket watch. Important discoveries in respect of climatology and plants were made by Alexander von Humboldt (1769—1859), the great geographer and explorer. Albert Einstein (1879—1955) laid the foundations of the whole of atomic research as well as the great advances of modern physics by propounding his theory of relativity. Heinrich Hertz (1857—1894), by his research into electrical waves, created the pre-conditions for radio-telegraphy. Gottlieb Daimler (1834 to 1900) and Karl Benz (1844—1929) constructed the first motor car simultaneously but independent of one another. Werner von Siemens (1816—1892) constructed the first dynamo generator; his brothers, Wilhelm and Friedrich, built the first "Siemens-Martin" steel furnace. Ferdinand Sauerbruch (1875—1951) opened up new territories in the medical sphere of brain surgery as well as lung surgery. Robert Bosch (1861—1942) revolutionised motoring by means of his high voltage ignition magneto for the internal combustion engine. Wilhelm Conrad von Röntgen (1845 to 1923), the discoverer of X-rays was of service not only to medicine, for both technology and industry make use of this discovery as an unerring means of testing materials. Further information concerning all these men has deliberately been omitted, for they came from every period of history, every level of society and every region. Though many of them are especially honoured in their own localities or where their life-work was mainly done, none of them can be considered the son of a particular district: they are the sons of Germany. Through their achievements, their life-work and their activities most of them have done more for their country than has many a politician, whose proper place is adjudicated by later historians — and not seldom, a place of little importance.

Compared with the total human achievements of Germany, the number mentioned here is, certainly, only small but yet already large enough to fill many a one with pride. Many foreigners reproach the Germans with a tendency to arrogance and are perhaps, in view of the circumstance just mentioned, not far from the truth as such pride may have given rise to the reproach. And here one must state quite clearly: the danger does exist that it is precisely those who have the least call to who are only too liable to associate themselves with the achievements of the greatest of their fellow-countrymen.

As is the case with countless other civilised states, Germany is in the midst of an enormous transformation process; the trend could, on the whole, be put under the heading "A Mass Society of Mass Consumers". Industry long since abandoned its custom of waiting to meet the demand which arose, in favour of actively creating artificial needs. This development is overwhelming the at one time so firmly rooted craftsman, tradesman and farmer. The boundaries of existence are no longer fixed for the majority of the population by the place of birth and the descent of the individual but to a larger extent by the place of work, or the possibility of a livelihood. An uprooting on the largest scale, comparable only to the migration of peoples, is taking place today and one of which the individual himself is often entirely unaware owing to the turbulence of events. Our industrialised society after all demands tribute from everyman. Places of residence are changed nowadays as frequently as fashion. New inventions and economic discoveries can almost completely depopulate whole countrysides. A general trend towards the town is noticeable. A city such as Munich registers an annual increase of citizens of about 30,000 people. Insoluble problems are thereby created.

Many modern developments are now commonplace in Germany too. Not only street traffic, increased to such an inconceivable volume that it threatens to choke the life of the cities – not only car-washing facilities, where cars on a conveyor-belt are cleaned and polished to perfection within 3 minutes – not only garbage disposal systems in blocks of flats that are 20 stories high or more, regular dwelling-"hives". We only need to consider factories which have flow-production, where, as if served by ghostly hands, mass consumption goods, and also high-grade tools, machines and apparatuses are simply disgorged, all without any visible factory hands. Such persons have, at the most, now the functions of maintenance and inspection in automated plants. At every step we encounter progress in a thousand aspects. Thus, in spite of malicious or undiscerning persons who might contradict us, it is probably no exaggeration to assert that our country, Germany, is in peril of losing its soul, of drowning in a flood of stereotypy. This development demands of each individual a decision of which he is possibly no longer capable. Many stand helplessly in the middle of superabundance, alone and anxious. Nevertheless it falls to each one to cope with the situation himself, to arrange his own life, to make a purposeful and competent choice from among such a wealth of offers. What is offered, whether of economic, spiritual or cultural nature, is the same from Flensburg to Constance, from Saarbrücken to Kronach, from Lörrach to Nuremberg and from Aix-la-Chapelle to Berchtesgaden. Should we regret this? Should we be against it? It would be senseless. This development is not to be halted by individuals; on the other hand, there is much to be said for it. What in the course of many centuries has been realisable only with difficulty, has remained for the second half of the 20th century to achieve: a certain degree of unification of the entire German peoples. Differences between the countrymen of this or that district have shrunk suddenly and continue to mean less and less, just as the differences of a social nature do, too. Such achievements as radio and television, daily newspapers and motor cars, aeroplane and railway have had no inconsiderable share in this alteration. Distances suddenly lose their importance. What, a hundred years ago, was covered in a day's journey only with difficulty is now only a short hop and takes an hour at most. This century offers chances such as no previous era ever knew. Though even the generation before World War I was anchored in the comparatively small ground on which it was born, lived and worked, for people of our time, travelling has become a matter of course. Suddenly it is possible for everybody – in actual fact, every single person – to discover his native land.

An enterprise which pays. One gains not only new impressions, experience and knowledge but one also learns a great deal. History becomes alive. What one has read as dry sober figures and facts now takes on shape and life before one's eyes. In innumerable buildings between Lübeck and Lake Constance, Aix-la-Chapelle and Nuremberg or Passau and Worms, German history is presented at its most impressive. An attempt has, therefore, been made here to present the history of German culture and that, regardless of geographical boundaries. Let us begin with the Carolingian period (about 8th and

9th cents.). Its most prominent characteristic is its examples of late classic art. St. Michael's Church at Fulda, built 820, with its monastery is such a one, as are the Minster at Aix-la-Chapelle with its Treasury and the throne of Charlemagne. Of particular interest is the "Königshalle" (Royal Hall) built 764 at Lorsch in Hesse, where there are 3 rounded arches and 3 windows in the richly ornamented side wall.

Early Romanesque influences are shown during the Ottonian era, about the tenth and eleventh centuries. Besides Gernrode and Quedlinburg in the East Harz district, the Romanesque edifices of St. Michael's Cathedral at Hildesheim, others at Augsburg, Ratisbon and Cologne and the Church on the Island of Reichenau are worthy of especial mention. In these epochs the first illuminations appear in manuscripts, those of the Reichenau School: the Bamberg Apocalypse and Otto III's Gospel. From the point of view of the history of art, the frescoes at Reichenau-Oberzell are of great value. The Romanesque period lasted from the 11th to the 13th century. The ruins of the Abbey Church at Hirsau in the Black Forest and those of the monasteries at Alpirsbach and Königslutter date from that time, also the Cathedrals of Speyer, of Worms (11th cent.) and the "Kaiserpfalzen" (Imperial Palaces) at Goslar and Gelnhausen. Likewise, sculptures such as the Lion of Brunswick, the Bamberg St. George's Choir Screens and the Hildesheim Font are to be classified with these architectural works.

Gothic has been designated "medieval layman's style". Among the Gothic works are the Cathedral of Cologne, begun 1248 but completed only in 1840; the Minster of Freiburg and that at Ulm, this latter having the tallest church spire in the world, some 571 feet. To this period belong also the hall-type churches at Schwäbisch Gmünd and Nuremberg as well as the North German brick-Gothic buildings of which Lübeck and Ratzeburg possess typical examples. Among the sculptures of this era, the Bamberg Equestrian Statue (13th cent.) is outstanding; among paintings, Stephan Lochner's "Madonna in the Rose Arbour" (15th cent.) and the "St. Christopher" painted by the most important master of the Upper Rhine School, Konrad Witz (15th cent.).

Whereas in Italy the Renaissance meant the revival of the classical, both France and Germany produced a style peculiar to each country; for instance, the Ottoheinrich section of the Castle of Heidelberg and the Town Hall of Augsburg. Representative of this period are Tilman Riemenschneider, Veit Stoß, Adam Krafft and Peter Vischer the Elder. Among the painters mention must be made of Albrecht Dürer, Baldung Grien, Mathias Grünewald, Hans Holbein, Lucas Cranach and Albrecht Altdorfer.

The Baroque period, from the end of the 16th to the beginning of the 18th century, is also termed the "Age of Renewal": renewal of religious life, of the concept of one state and of learning. The important representatives of this period include Balthasar Neumann, the great builder, Adam Elsheimer, the painter, and Ignaz Günther and Andreas Schlüter, the sculptors. While the characteristic of Baroque was a powerful bulkiness to some extent, Rococo, which superseded it in the 18th century, resolved such forms into a gracefulness bordering, in extreme cases, on playfulness. This was transferred not only to façades, but interiors, furniture and fashion were seized with the same influence. Together with France, Germany ranks above all others as the classic land of Rococo. In Potsdam there is the Castle (Schloß Sanssouci), built by Knobelsdorff after the plans of Frederick the Great, in Bavaria the Church in the Meadow, built by Dominicus Zimmermann – the Wieskirche, near Steingaden, much visited as a place of pilgrimage. This church is considered the finest flower of Rococo architecture. Its dazzling interior decoration, the painted ceiling and the exquisite stuccowork are what attract thousands of tourists annually. All over Upper Bavaria, the Cosmas brothers (1686—1739) and Egid Quirin Asam (1692—1750) have lasting memorials in the numerous churches which they built, among the loveliest examples of late Baroque and Rococo buildings. To that epoch also belongs the Meißen porcelain of Joh. Joachim Kändler. Round about 1800, with the Enlightenment, ecclesiastical power dwindled away, classicism began and the state too was losing its might. Bourgois individualism imitated the style of (misunderstood) antiquity, as well as Renaissance, Gothic and other periods. Among architects, names such as Langhans (Brandenburg Gate in Berlin), Klenze (Glyptothek in Munich), Weinbrenner (Karlsruhe and South Baden) are typical.

The Romantic Movement can be regarded as a protest against exaggerated classicism. Suddenly attempts were made to revive the medieval or the Baroque tradition by Ph. O. Runge, C. D. Friedrich, M. v. Schwind. With the Romantic period ended the Middle Ages.

Modern times, beginning in the 19th century, at first exhibited a general decay in style. While, in all the previous periods, a certain permanence had been discernible, now one trend followed another in rapid succession. Works of no merit and others of real artistic value were placed side by side and photography took up the work of naturalistic reproduction. Art sowed its wild oats. At the beginning of the 20th century, an attempt was made to achieve clarity in this confusion of styles; the result was "Jugendstil". This development was finally succeeded by the "purely functional" style, a phenomenon which could be observed up to the very recent past. One only needs to consider the series of post-war buildings anywhere from Hamburg to Freiburg, from Saarbrücken to Passau, all as alike as two peas in a pod.

There may be not a few to whom all that has so far been related might appear dull and unimportant, a mere chain of linked particulars and nothing more. These are, nevertheless, the foundations of our culture. The life of every individual is based on the knowledge attained by these men and the fruits of each epoch here mentioned. Nothing less than the importance of tradition to human culture was intended to be demonstrated, although many are quite unconscious of these circumstances: for only by a consideration of the boundless wealth of the past can we find the key to our present activities, our thoughts and our way of life. Our cultural heritage points the way to the future. For this it is necessary to make a kind of inventory of the intellectual and political circumstances, the economic conditions and the social structure.

Yet the 20th century has suddenly acquired special importance, as already mentioned. The old-established great civilisations, isolated and limited to a particular territory, all at once seem to exist no more. Technology, with its achievements and its demands, has taken hold of the peoples of the earth like intoxicants. Its effect is levelling, for the individual, simplifying. If we do not wish for intellectual atrophy – and never was this danger greater than it is in these days of specialisation – then we must remind ourselves of the achievements of our ancestors both near and distant. For the sake of self-preservation alone, not for a cheap and dangerous nationalism. The historic past is always a well of the inexhaustible strength of a people.

Such remarks coming from the mouths of such authorities as philosophers and historians frequently meet with incomprehension, are thrust aside many a time with the remark “Antiquated ideas! The time is past for such beliefs!” Anyone who has ever seen the unending Sunday stream of cars rolling into such cities as Hamburg, Frankfurt or Munich, crowding the roads and the motorways, and moving only at walking speed for hours on end, such an observer may well doubt whether there are more than a few Germans who still find any significance in the cultural possessions of his native land. Thousands and thousands drive out of the cities in the morning, travel bumper to bumper, forming an endless snake over asphalt and concrete roads and return, exhausted, to the stony wastes of the cities in the evening. Their aim is not to reach any destination – merely to be among their likes.

And yet, nothing could be of greater assistance to anyone wishing to become acquainted with Germany than the motorways or “Autobahnen”. They traverse the land from north to south, from east to west. They acknowledge no frontiers, they bridge rivers and cross mountains, and only a few kilometres to the right or left lies what we call, in high-falutin’ language, our cultural heritage: little known, scarcely visited, forgotten.

But what is Germany now? The reply given by our contemporary in this age of technology will not agree with the answer of the historian, for instance, or that of the politician. Does he mean the Holy Roman Empire of the German Nation, or the Prussia of Frederick the Great, the German Federation, Bismarck’s Empire, the Weimar State or his Germany – the Federal Republic? Are his patriotic feelings for a Germany in its widest sense or for a “little Germany”, democratically inclined or with a tendency towards an authoritarian power? None of these. The majority of the people identify Germany with what they know of this country, what they have seen themselves. There has never been so favourable an opportunity to expand their horizon as at the present moment. Those who once make the effort to do this will discover that it is worthwhile to explore Germany. Nevertheless, the right way of travelling is a high art. The experienced eye, a trick of improvisation, the ability to be undemanding at times, and a readiness to meditate are required as well as leisure, indeed, a great deal of time to spare. True, it would be a mistake to mourn the long-past romantic spirit of the stagecoach days, but a really wonderful experience will, only in the rarest of cases, be theirs who travel in parties – herd-like – and rely on the monotonous voice of a more or less trained courier. The truly happy holiday need by no means be spent at the greatest possible distance from one’s home town.

The essence and purpose of this book of pictures, with a colourful mosaic of charming motifs, with a blending of the past and the present, is to provide a modest contribution towards this end.

Bavaria

PAGES 73—133

"Germany's holiday-paradise – all the year round." Not only do groups of tourists from abroad think of Bavaria in this light, but others from Germany itself even, as soon as the regions north of the Main are concerned. The whole of this state full of mountains, on every mountain an alpine pasture, every alpine pasture with its dairy-maid, every lad with his leather shorts, short jacket and chamois brush, folk-dancing, yodelling and playing the zither. That is the stereotyped picture.

A good reputation carries its obligations, including of course that which compels a contribution to the recreation of one's neighbours. The Bavarians therefore play their part heartily. Consequently it happens that the yodelling, folk-dancing, zither-playing and the wearing of traditional costumes are found precisely in the tourist centres. Unfortunately, however, almost only for the visitors and while the season lasts.

But what is the real picture like? Bavaria is, after all, beginning with its history, the oldest German state and the only one to rise again with its old boundaries after the catastrophe of 1945. Bavarian history is full of great and important events, its cultural heritage is richer and more manifold than that of other states. On all sides we hear Bavaria called the classic Baroque country, and Munich, its capital, is considered in general the metropolis of German art. Nature displays a rare diversity in this country.

In Swabia, one finds ideal dairy and stock farming as well as well-conducted tourist centres in the Allgäu, while industry of note flourishes near Augsburg. At the southern tip, immediately after the Austrian frontier near Füssen is crossed, begins the "Romantic Highway". It runs via Steingaden, Schongau, Landsberg and Augsburg to Donauwörth. The next stations are Dinkelsbühl and Rothenburg on Tauber – all names that speak for themselves. In the land of the Franconian "Bocksbeutel" wine, it ends. Here in the Franconian Main Valley we enter another Bavaria, different from the Upper Palatinate or the Bavarian Forest. Nuremberg and Fürth form the economic hub of northern Bavaria. Bamberg (the Cathedral, Town Hall, the Bamberg Equestrian Statue and Riemenschneider Altar) ranks as the cultural centre of Upper Franconia. Left unmentioned are the numerous castles, gardens and patrician mansions of this region.

What visitors to Bavaria expect all over the country, they will really only find in the southern part of Upper Bavaria, but there in such natural perfection as to be overwhelming. Garmisch-Partenkirchen, Mittenwald, Oberammergau, Berchtesgaden, Reit im Winkl – these offer just the proper picture-book scenes.

Admittedly, the bonds between the Bavarian and his rural countryside are especially strong – which by no means implies that backwoodsmen live here. If this were the case the 1972 Olympic Games would not be taking place in Munich; and, a further proof of progressiveness, the first railway in Germany was built in Bavaria, between Nuremberg and Fürth, in the year 1835. Fashions, above all casual clothes, are decisively influenced by Bavarian and, in particular, Munich trends. The theatre flourishes here notably, a fact probably not unconnected with the enthusiasm with which the Bavarian participates in theatricals himself. And with regard to economics? Having a marked realism in his make-up, the Bavarian knows very well that money is a necessity. To brag about it is not, however, in his nature, for in Bavaria personality counts for far more than the money that may support it.

Baden-Württemberg

PAGES 134—163

On the 25th of April, 1952, the states of Baden, Württemberg and Hohenzollern were joined to form Baden-Württemberg, a single state, a member of the Federation. It stretches from the Rhine near Basle to Lake Constance and into the Allgäu District in the south; from Mannheim to the confluence of the Tauber and the Main, on its northern borders; in the west, it marches with France as far as Karlsruhe, then further with Rheinland-Pfalz (Rhineland-Palatinate) and in the east with Bavaria. The Rhine Plain, the Black Forest, parts of the Odenwald, the Swabian Jura, the Neckar basin and the region round Lake Constance determine not only the varied landscapes but also the very heterogeneous living conditions. On the hill slopes of the Rhineland Plains viticulture predominates (Markgräflerland, Breisgau, Kaiserstuhl, Ortenau). The somewhat light soil of the Plain itself provides the best conditions for the cultivation of asparagus (Steinenstadt, Opfingen, Schwetzingen) and tobacco (Lahr, Hanauerland near Kehl). At the foot of the Black Forest hills, hot springs bubble out of the earth, the prerequisite for the spas, Bellingen, Badenweiler, Bad Krozingen, Baden-Baden. In the Black Forest itself, there are also many mineral springs (Peterstal, Griesbach, Rippoldsau) and medicinal bathing-places. Caught up in the constantly expanding tourist traffic, many a Black Forest village has been transformed overnight into a popular holiday resort. Where the countryside offers so many attractions, the inhabitants need exert themselves but little; a few hotels, a few paths, a couple of benches are enough. Many of the valleys, however, have proved suitable for the development of various industries such as precision-instrument making, watchmaking, textiles, chemicals, paper and wood-processing industries.

Over the hog's back of the Black Forest, runs the border with the former Württemberg. From here, the further east one goes, the greater the degree of industrialisation: furniture (Balingen, Frommern), textiles (Tailfingen), clocks (Schramberg), musical instruments (Trossingen), shoes and surgical instruments (Tuttlingen). The most important industrial area is the Neckar Valley: Stuttgart, Esslingen, and Plochingen. Here the factories stand close together (vehicles, machinery, electrical equipment, chemical and canning industries). Göppingen, Schwäbisch Gmünd, Geislingen (W.M.F.), Ulm (Magirus), and Heidenheim are places of emphatic economic importance. Still, outside all these places, there is scarcely a village without its little factory—an enlargement of craftsmen's workshops from which it is not unusual for a full-blown factory to develop.

The proverbial frugality of the Swabians helped to establish prosperity in the land. Nowhere else have, in the last 15 years, so many homes been built for owner-occupiers as here, and here young people are still proud of being able to furnish their new home completely before they marry. Another Swabian peculiarity—many Swabians, besides farming a smallholding, earn a nice wage in addition in cottage-industries. From the farmer's point of view, the Swabian Jura is barren, but it is a particularly charming landscape.

The region round Lake Constance shows quite another aspect: a lush, often even mediterranean type of vegetation (Mainau, Reichenau), orchards and vineyards, asparagus (in Tettnang, the Hotel "zum Rad", offers numerous special dishes of this delicacy), hops and fishing (blue char). The pretty villages, the old churches and monasteries, the mild climate, and the blossoming gardens round the "Swabian Sea" combine to make the region naturally attractive to holiday-makers.

Hesse

PAGES 164—185

The Odenwald and its Bergstrasse and as far as to the Rhine, the Lower Main Valley, the Highlands called the Taunus and the spurs of the Westerwald, the Hessian Highlands with Mount Vogelsberg and the Rhön Highlands and the Uplands between Werra and Fulda, Eder and Diemel – all this comprises the state of Hesse. Neither too flat nor too high, the landscape lies before the observer, the picture pleasantly varied by wooded heights, lush meadows, orchard-lands, villages with half-timbered houses, and river valleys. The climate is as equable and pleasant as the countryside, apart from the Rheingau or near the confluence of Main and Rhine, where spring comes a couple of weeks earlier and winter a little later. Rüdesheim, where the whole bustling business in German wines centres, belongs also to the state of Hesse. Those who have once experienced the uninhibited atmosphere in the "Drosselgasse" there will be of one mind.

Quieter and more restrained manners are the rule in such watering places as Wildungen, Hersfeld, Salzschlirf, Nauheim, Salzhausen, Soden, Orb, Homburg, Schwalbach and Wiesbaden, which is also the capital of this state.

Cattle-breeding, crop-raising, fruit-growing and viticulture are the most important occupations in Hesse. The area round Frankfurt has, however, developed into a great industrial centre: chemicals, glass, machines and food products. The commercial city of Frankfurt is the seat of the Federal Railway administration, the Bank of Germany, and a group of other State and business administrative offices. Offenbach, in its immediate vicinity, enjoys – rightfully – the title of the "leather metropolis of Germany". Much less well-known are its other branches of industry, viz., type-foundries, chemical and metal-working factories. Besides these, Offenbach is quite an important inland port, has a sodium and lithium spring and a Renaissance Castle, built in 1572, with a fine, staired tower, a two-storied balcony and richly embellished arcades.

Hanau produces gold- and silverware, works in platinum, cuts diamonds and has large rubber-works as well as a considerable wood-processing industry. In this town, by the way, the Grimm brothers of fairy-tale fame were born.

It is generally accepted that Alsfeld, at the foot of the Vogelsberg, is one of the loveliest of the towns of Hesse; the showpiece, standing on the Market-place, is the half-timbered Town Hall with its turrets, gables and small oriels, which was built over an arcaded ground-floor. The Market-place of Melsungen is also worthy of mention.

In Fulda, the old bishops' seat, St. Boniface, the apostle of the Germans who was slain in 754, lies buried in the Cathedral. There on display is also the Bible which he is said to have been holding in his hand and which was severed by the sword of his tormentor (or by a battle-axe). Now, the Annual Conference of German Bishops takes place at Fulda. The Castle, with its orangery, the Baroque buildings near the Cathedral precincts, and the Church of St. Michael (built 820) are also very fine.

Without exaggeration one can call Hesse the land of castles and palaces, for here one finds Braunfels (built 1260), a castle high above the Lahn, Runkel on the Lahn, the Renaissance Palace of Gießen, the castles of Büdingen (north of Hanau), Lich (Wetterau), Hadamar (16th cent.), Kassel-Wilhelmshöhe (1786—1798), the Palace of Hanau and finally the Castle of Weilburg, where King Adolf of Nassau was born. Naturally, the half-ruined castles along the Rhine are not to be forgotten, either.

Rhineland-Palatinate

PAGI S 186—197

The fact that the only state in the German Federation to require a Minister of Viticulture is this state uniting the Rhineland and the Palatinate tells its own tale: 70% of the entire area under vine cultivation in Germany lies within its borders, and even 80% of the entire German vintage is harvested here. The "Wine Highway" in the Palatinate, the regions of the Nahe, Moselle, Ahr, and Ruwer, of the Rheingau and Middle Rhine, all these are included. The names of the towns and the villages read like the wine-list of a select wine-restaurant—all are well-known or famous wine names.

The state itself is somewhat of a patchwork. It stretches from the Rhine near Karlsruhe northwards to Westerwald and even to beyond the Sieg river in the east, from Saarland to the Schnee-Eifel Heights on the west bank and to Bad Neuenahr in the north.

Mainz (Mayence), which as early as 1254 was the capital of the Rhine-Hessian alliance of cities, is not only the stronghold of carnival and the hub of the German wine trade, but also a venerable ancient city well-known for its champagne-like wines (Sekt) and as a university city. Speyer, besides having a Romanesque Cathedral dating from the 11th cent., has also a unique museum of German wines. In this city, 50 German parliaments have met. In 1526, the execution of the Edict of Worms was postponed, and from 1527 till 1689 it was the seat of the Supreme Court of the Empire. Coblence, at the confluence of the Moselle and the Rhine, dates back to a Roman foundation in the year 9 A. D. Trier, with its Basilica, amphitheatre, Imperial (Roman) bath and the Porta Nigra, was the Imperial seat from the 3rd to the 5th cent.

Idar-Oberstein could almost be termed the most precious town in Germany, for the majority of its inhabitants work at the cutting of precious stones and agates; it lives on trade in stones for jewellery and on the manufacture of jewellery. Bad Kreuznach is a spa famous for its radium treatments and has, besides, a teaching and research institute for the cultivation of vines and other fruit. Bad Neuenahr (Casino) is visited largely by sufferers from gout, diabetes and gall-bladder troubles, on account of its medicinal hot springs at 97 °F. International motor-races have taken place annually since 1927 on the Nürburgring track (17 miles long) which is in the Eifel in the northwestern tip of the state.

Bad Ems, the State spa on the Lahn just before it runs into the Rhine, became, inadvertently, of great historic importance. In 1870, Bismarck made public, in a shortened form, a telegram which Wilhelm I of Prussia had dispatched from Bad Ems. The subject was the refusal of the French demand in respect of the Pretender to the Spanish throne. Through the abbreviation of the text the sense of the telegram was distorted and France declared war. The whole affair has entered the annals of history as the "Ems Telegram". A historic relic of medievalism is revealed in a secluded little valley branching off the Moselle Valley. There, in the middle of the forest, lies the Castle of Eltz.

During New Year's Night, 1813/14, Blücher crossed over the Rhine near Kaub, just near the islet where the "Pfalz" is found. Not much further downstream, near St. Goar, the passing ships are greeted by the Lorelei Cliffs, one of Germany's top-ranking tourist attractions. Never a pleasure steamer passes this spot without playing the famous Lorelei song, based on a poem by Heine.

Yet, a bottle of good wine drunk with due appreciation could give us a better idea of the true flavour of this countryside.

Saarland

PAGES 198—201

On the first of January 1957, Saarland was added, as the tenth state, to the Federal Republic of Germany. This important industrial area had been a bone of contention between France and Germany for years. By a clause in the Treaty of Versailles, the Saar District came under the administration of the League of Nations in 1920 for 15 years. The coal-mines were managed by France and also exploited. A plebiscite taken in 1935 showed an overwhelming majority for a return to Germany: 90.5% of all voters elected to return. After the recent war, Saarland became a separate administrative unit within its own frontiers, as a result of an order of the French Military (Occupation) Government. The aim of this measure was to provide France, once more, with a favourable opportunity to process its Lorraine iron ores. Later, in 1948, came the Customs and Monetary Union with France and two years after, the Agreement on the Leasing of Saarland Coal-mines to France. In 1955 the population of the Saarland rejected the Saar Agreement by a two-thirds majority and in 1957 this country was returned to Germany. It was, however, only after a further two years that economic union was achieved.

The influence of France on Saarland, which lasted for decades, also had its good side. The Saarland people had adopted a number of habits from the French, not least among which was their manners of cooking and eating, viz., amply and well, highly-civilised and with a certain refinement of taste. The Saarland colliers, in contrast to those of the Ruhr District, have not lost touch so much with the land and with country life, indeed, frequently have never lost touch at all. They plough their own fields, manage their smallholdings and so have preserved a degree of independence as well as having at their disposal the cash in hand so essential to a farmer.

The most important branches of industry in Saarland are coal-mining, iron-production and the manufacture of glass, pottery and paper and other wood-processing industries. After all, roughly one-third of the whole country is forested, mainly with beeches, so that this tree can be regarded truly as the symbol of the state. The capital and the cultural centre is Saarbrücken, which is also an import and traffic junction and entrepôt. It has a radio and television transmitter, numerous branches of industry (iron, wood, paper, textiles) and organises the Saar Fair, an annual trade fair showing a representative cross-section of the products of the state. Völklingen ranks among the important industrial towns, with blast furnaces, power stations and a coking plant. Mettlach, once only a monastery, has developed, in the course of decades, to a pottery centre of note. The artisans settled round the monastery by slow degrees. Dillingen lives on heavy industries; from Siersburg, dominated by splendid ruins and a centre for many excursions off the beaten track, come steel silos and other steel constructions. In spite of such a concentration of industries, there can be no real comparison with other industrial areas, for here in Saarland the people have preserved incomparably more ties with nature and have more reserves for their recreation than is the case elsewhere. Thus one could even be tempted to recommend Saarland as a holiday-making district. In any case, whoever travels into this region has no cause to rue it.

North Rhine-Westphalia

PAGES 202—231

To the expert on heraldry, the armorial shield of this member-state of the Federation tells all about its origins: in the left field, the Rhine; in the right field, the Westphalian steed; at the point of the shield, the rose of Lippe. Parts of the former Prussian Rhine province, the province of Westphalia and the State of Lippe were joined together to form North Rhine-Westphalia after the war. Germany's greatest and most important industrial area, the Ruhr District, is ringed round by the Teutoburg Forest in the north-east, in the south the Siebengebirge, in the south-east Sauerland and the Rothaargebirge, in the south-west the Eifel, and in the west the Hohe Venn.

In the close network of houses and blast-furnaces, of mines and factories, only the signposts really indicate to the visitor unacquainted with the district where Oberhausen or Dortmund, Essen, Wuppertal, or Mülheim, Gelsenkirchen or Duisburg begin or end. Nevertheless, the Ruhr District is not just a great dusty wilderness. Those expecting such a scene will be pleasantly disillusioned. The Gruga Park in Essen would do honour to any spa. The region round Baldeney Lake causes one to forget the nearness of factories and furnaces, and the promenade gardens along the banks of the Rhine or, above all, the Königsallee in Düsseldorf, "Kö" for short, radiate elegance and speak volubly for their careful tending.

Furniture comes from the area containing Lage, Lemgo, and Detmold; Aix-la-Chapelle is associated with fine cloths and with chocolate, ("Printen"). Düsseldorf is counted among the steel-processing towns but also has a number of plants processing foods and producing the little luxuries of daily life, as well as being one of the chief centres for detergents. Münster, in the north, situated on the Dortmund-Ems Canal, is a historic spot. Here the Peace of Westphalia was signed in 1648. In Warendorf on Ems one finds the Westphalian Stud, where the Olympic Equestrian Committee meets. Bünde is Germany's cigar town.

This state marching on Belgium in the west and Holland in the northwest, has regions where the dialects on both sides of the frontiers are so similar as to allow the frontiers to be forgotten. Near Xanten (Gothic Cathedral, 13th to 16th cents. and a Roman amphitheatre), near Cleves or Wesel (Schinkel's Memorial to the Eleven Officers of Schill) there are farm-houses typical of the wide plains of the Lower Rhine, which possess a character quite other than that, say, of the romantic landscape of the Rhine near Drachenfels.

Nowhere in any of the other states of Federal Germany are business and leisureliness found so close together as here. Moated castles on the Lower Rhine, enormous farm-houses spread over the land and sited, like castles, in the midst of their own fields, windmills, paddocks with horses, cattle-pastures, the valleys of the Lippe and the Ruhr, of the Sieg and the Ems pleasantly interspersed between the factories in the industrial towns and the winding-towers of the mines, silhouetted against the sky over this hectically busy land. Two worlds which have to be on friendly terms with each other.

Dortmund beers, clear spirits, Westphalian ham, excellent sausage are world-famous for their quality just like Solingen knives and cutlery, Eau de Cologne, Essen steel, or Krefeld neckties. On the one hand, there is industrial progress at a pace that can cause anxiety; on the other hand, however, the welcome Westphalian stubbornness of the farmers, who intend still to hold to their time-honoured traditions.

Lower Saxony

PAGES 232—251

Lower Saxony, which also includes the region of East Friesland, stretches from the Dutch frontier in the west to the Elbe, Hamburg and Schleswig Holstein in the east, and borders, in the south, on Hesse and North Rhine-Westphalia. In other words: Lower Saxony comprises the former territories of the Prussian province of Hanover, Oldenburg, Brunswick, and Schaumburg-Lippe. While in the south of this region, half-timbered houses give character to the landscape, in the vicinity of Cloppenburg it is the typically Lower-Saxon houses with their crossed horses' heads on the gable end, and in East Friesland, the farmhouses-cum-barns on the coast and the brick houses of the farmers further inland.
Lower Saxony is exceptional in its contrasts: the Harz District with its forested mountains scarped to the west and north, the expanse of the Lüneburg Heathlands, a colourful scene with flowering heather, with the dark juniper trees and with the moorland sheep; East Friesland's fertile coastal area with its imposing farm-houses, where man and beast are housed under the same roof; ports such as Emden, Wilhelmshaven, Cuxhaven have an aspect quite different from fishing-harbours such as Karolinensiel, Bensersiel and Neuharlingersiel; the East Frisian Islands (Borkum, Juist, Norderney, Baltrum, Langeoog, Spiekeroog, Wangerooge) have hundreds of thousands of visitors in the summer (in recent years, some even in winter) and they change their character with the season; in Emsland, the oil-rigs for the production of petroleum appear against the horizon.
The "Orchard" of Lower Saxony is the "Old Land", a popular place at blossomtime and the end of many excursions. Wolfsburg is where the "Volkswagen" is made. This town simply mushroomed out of the earth. Hanover is not only the capital of the state of Lower Saxony, but also ranks among the foremost industrial towns of Germany, on account of its rubber-industry, chemicals, vehicles, and food-processing, and finally, but not to be overlooked, the fact that one of the most important industrial fairs in Europe takes place here, and is, so to speak, Germany's technical shopwindow.
Verden on the Aller, as a centre for the cult of the horse (horsebreeding and tournaments), boasts an Equine Museum. Besides various old monuments of architectural interest, the Cathedral (11th to 15th cents.) deserves special attention, as does a collection of Stone-Age finds.
Brunswick, once a Hanseatic city, came to wealth as an entrepôt, a halting place for the traders on the East-West routes. Evidence of its wealthy past is given by almost a hundred half-timbered houses dating from the 15th to the 18th centuries, the Cathedral with the tomb of "Heinrich der Löwe" (Henry the Lion) and the magnificence of its City Hall.
Towns such as Goslar (Imperial Residence, Gothic and Baroque buildings), Hildesheim (Romanesque Cathedral of St. Mary near which some 200 half-timbered houses are still preserved), or Hamelin (famous for its Pied Piper, but more important on account of its ancient buildings, its food-processing industry and its flour-mills). These are historic places, rich in tradition and not forgetful of it. In this they resemble many another place in Lower Saxony. Hanover became an Electoral Princedom in 1692, was joined to the British Isles in a personal union between 1714 and 1837, was a kingdom from 1814 to 1866, and then became a Prussian province.

The bread-winners of this country earn their living by arable and stock farming but in addition to this there are shipping and fishing, and the exploitation of mineral wealth such as potash, salt, lignite, iron ore, and crude petroleum as well as manifold industries.

44

Bremen

PAGES 252—255

In respect of area (about 166 sq.mls) and the number of its inhabitants, the City-State of Bremen is by far the smallest of the German Federal states, but it is by no means the least important. The city has a long and varied history. As early as 787 it was chosen as a bishop's seat, and in 845 was declared an archbishop's seat even. A hundred and twenty years later it was granted the privilege of holding a market and in 1258 it entered into the Hanseatic League. This league, originally intended as an association of merchants, developed later into an alliance of cities to which 90 cities of the coastal areas and further inland belonged in its hey-day.
Bremen was declared an independent imperial city in the year 1646. In the spreading of Christianity in northern Germany, the city also played an important part, and proud merchant-princes consciously created a cultural heritage which has been handed down to their posterity through the centuries. Among the particularly fine edifices, ranks the City Hall with a Renaissance façade. On the open space in front of it, Roland, a giant in stone, keeps watch. A very considerable share of the entire German movement of goods passes through the city, the second largest seaport and inland port. Hence the Cotton Exchange is to be found here. Here tobacco from abroad is not only unloaded but also, to a great extent, processed at once, to make cigars, cigarettes and pipe-tobacco. The case of coffee is similar: it is imported in the green state and roasted by numerous Bremen coffee-roasters. Tea, the favourite drink of East Friesland, the neighbouring state, is likewise largely imported through Bremen. Wool-carding and jute-spinning, engineering works, silver-goods manufacture, shipyards, wine-importing and innumerable business offices and warehousing firms diversify the business life of Bremen. An Institute of Marine Navigation and a Navigation School take care of the training of young recruits and of the latest results of research affecting the sphere of activity so essential to this city, viz., the world of shipping. A large proportion of the goods imported, including wood, leave again by water after being processed or refined. From the hinterland, naturally, a large volume of exports passes through this city.
Downstream, on the North Sea estuary of the River Weser, lies Bremerhaven, the leading fishing port of the Continent and at the same time, the largest German port for emigration and passenger traffic. Many huge ocean liners which cannot navigate the Weser up to Bremen are moored here. The most famous berth for the ocean giants is the Kolumbus Quay. To make a tour of the enormous fishing harbour is a never-to-be-forgotten experience. Vast market-halls in which the fish just landed is sold by auction lie between commercial houses, fish-canning factories and fodder mills utilising the waste resulting. Every year at the beginning of the herring season, the town celebrates on a large scale. Otherwise Bremerhaven is a typical port: long thoroughfares are lined entirely with sailors' haunts and all of them attract enough customers. There is, of course, no shortage of women for them. To what a great extent the life of this town is connected with the sea is noticeable in conversations one hears, in the pubs, at the grocer's or in the doctors' waiting-rooms: ships arriving, what their cargoes are, how the catch turned out, when the ships depart for a long voyage again. All things which interest everybody here, for the town lives not only in close connection with the sea but also from it.

Hamburg

PAGES 256—259

The largest city in Germany is also its second-smallest member state: the independent, Hanseatic City-State Hamburg. Although more than 62 miles from the North Sea, it is the largest of German sea- and inland ports. Huge ships come sailing right into the middle of the city. The free port alone covers the same area as an average small town. Here, merchandise is imported and re-exported with no duty paid; the area counts as extra-territorial in respect of customs duties.

Hamburg dates back to an original "Burg", a castle, the Hammaburg, probably. In 831 it became a bishopric, in 834, an archbishopric. In the year 1241, a defensive pact with Lübeck was signed, later to develop into the Hansa. In 1815, Hamburg was granted the rights of an independent town and in 1937, as a result of various incorporations, the Greater Hamburg area emerged. In 1914 Hamburg became the home of the largest shipping line in the world, HAPAG; numerous other lines run regular services from here to other European ports and across the oceans of the world. Thus the designation of "Gateway to the World" is justifiably borne by this city. Extensive industrial plants provide hundreds of thousands of local inhabitants with the means of earning a living. Large shipyards (Stülcken, Blohm & Voß), fish-canning factories, edible-oil mills and margarine factories, cocoa processing works, chemical works, rubber factories, engineering firms, milling works and food processing, tobacco factories – the list could be continued indefinitely. In other words, there is nothing (practically) which is not found in Hamburg.

A kind of fame, though often deplorable, has been achieved by Europe's most extensive amusement quarter, the "Reeperbahn". Originally intended for seamen who could find diversion here after long voyages, St. Pauli (as this quarter is called) now counts among the greatest of the attractions for tourists. They come here in bus-loads at a time, from Scandinavia, in order to catch a whiff of the "odour of vice".

Delightful (and quite cheap) on the other hand are evening trips on the regular boats going from St. Pauli Pier to Finkenwerder and back. Brilliantly illuminated, ships of all sizes and of all nations pass continuously. In the midst of such activity, the din of the ships' sirens and the harbour tugs, one can get a true impression of this city. On Sundays, one should sit in one of the restaurants along the Elbe in Altona or in Blankenese, or go straight away to the "Willkommhöft" some distance downstream where every ship arriving or departing is given greetings of welcome or farewell. Here the veriest landlubber learns something of seafaring; he hears what cargoes the ships have taken up, whence they came and where their destination is. The stranger will be astonished also to discover that, except for the vicinity of the Main Railway Station, the central area of the city is dead in the evening, and many pubs and restaurants are closed at the week-end. Hamburg is a city of great industriousness, but in the evenings, hundreds of thousands go to the outskirts where they have a little house or live in green surroundings somehow. The finest and most extensive view over the city is to be seen from an aeroplane. The commercial houses and warehouses, the dock basins and the River Elbe, the oil-port and the canals, the "Alster" and the green outskirts of the city – only from the air can all this be seen and can it be realised how fine a city Hamburg is. One should, nevertheless, not miss the trip round the docks.

Schleswig-Holstein

PAGES 260—275

Geographically, the most northerly state of Federal Germany resembles a bridge to Scandinavia; in the north, it marches with Denmark, while to the west is the North Sea, to the east is the Baltic. The southern end only, like a bridge-head, is anchored in the States of Hamburg and Lower Saxony. The hyphen between the two names could lead one to infer that this is a comparatively newly created state – one of those termed the "hyphenated states" such as North Rhine-Westphalia, Baden-Württemberg or the Rhineland-Palatinate.
The Union of the Duchy of Schleswig and the County of Holstein (also a duchy from 1474 on) took place as early as 1386 however. The well-wooded hilly country in the easts is eminently suitable for cattle-breeding and crop-raising. Along the coast, deep fjord-like inlets form ideal harbours for shipping and fishing, as at Flensburg, Schleswig, Eckernförde, Kiel and Lübeck. In these towns ships are built, the harvest of the seas processed in various ways, and raw materials discharged from the ships of all nations are processed here.
In the west of this country are wide plains whose alluvial soil provides favourable conditions for stock-fattening. Offshore in the mud-flats, lie the North Friesian Islands of Sylt, Föhr, Amrum, Langeness and the Halligen (Hooge and Pellworm). In the summer months, they are invaded by a mighty army of holiday-makers. There is then no corner which is not gratefully rented by the sun-worshippers and lovers of sea-bathing. An important international sea-way, the Kiel Canal, traverses this land; from Holtenau, on Kiel Fjord, via Rendsburg to Brunsbüttelkoog, on the Elbe estuary, it runs 328 feet wide and some 61½ miles long. While the railway line crosses the Canal by a bridge over 6¼ miles long and 127¾ feet high near Rendsburg, the road traffic goes under the Canal through the newly built tunnel.
Schleswig, the fishing port on the Schlei, has the famous Bordesholm Altar by Hans Brüggemann, in its Gothic Cathedral (1268—1711). Between Kiel and Lübeck Bay lies the district known as the Holstein "Switzerland", a hilly country dotted with numerous lakes, with the towns of Plön, Malente and Eutin. Heide at one time belonged to the independent "Peasants' Republic", Dithmarschen. Today a vast oil-refinery is found there. Husum, the "grey town on the coast", was the home of Theodor Storm. Travemünde, Westerland and Kampen are counted among the elegant bathing-resorts. A host of smaller places, no less charming and considerably cheaper, are also to be found. Annually, Kiel organises an international Sailing Regatta during its "Kiel Week". Marzipan from Lübeck, sprats from Kiel, eels, rum and other hard spirits from Flensburg are only a few of the specialities of the coastal area. But one must also include fish choicely prepared in one of the smaller places.
In Schleswig-Holstein, photographers will find an abundance of delightful subjects: fishing boats returning, the low houses, traditional costumes at Wyk on Föhr Island, the Castle of Glücksburg, brick baroque at Lübeck, imposing farmhouses, old fortified churches, weathered windmills or black-and-white cattle on the pastures.
Perhaps it is still more attractive for many not to take photographs, not to undertake strenuous excursions in order to discover the land but simply to do nothing at all except to lie in the sun and to relax completely and so recover one's energies.

Berlin

PAGES 276—279

It was as the imperial capital and seat of two imperial governments that the old Berlin gained international standing. The inferno of the last few weeks of the Second World War destroyed much that had formerly contributed towards the greatness of this metropolis. What remains is a population of over three million people who feel themselves entitled to enjoy peaceful co-existence, pleasure and amusement.

In July, 1945, Berlin was divided into four occupied sectors by the victorious powers. From then on the four-sector city was subject to the supreme executive body in Germany, the Allied Control Council. Initially the four city commandants administered the city jointly through the "Interallied Command" and delegated a large proportion of the work involved to the German city council. Berlin remained united. But differences between the victorious powers proved in the long run to be too deep-seated to guarantee this unity.

So it was that in June, 1948, the month of the Currency Reform, the political and administrative life of the city was split down the middle and Berlin blockaded. The important access routes were blocked until May, 1949, and the supply of basic necessities could only be effected by means of the allied air lift. The purpose of this blockade appeared to be to induce the Western Powers to give up their sectors. The eastern part of the city was incorporated into the German Democratic Republic, founded in 1949. West Berlin, on the other hand, became inextricably bound up legally, economically, and financially with the Federal Republic of Germany and experienced the same economic upswing.

Finally, on 13th August, 1961, the Wall was built. This seemed at first to seal Berlin's fate as a divided city. It was not until the Four Power Agreement of 3rd September, 1971, that this isolation was overcome and the way made clear again for West-Berliners to visit the eastern part of the city and the Democratic Republic.

Berlin serves as a kind of shop-window for two power blocs with differing social orders. West Berlin's viability has not been impaired; it is fully integrated into the economic and financial system of the Federal Republic. The legal unity between Berlin and the Federal Government has been guaranteed. All existing bonds of this type are confirmed by the 1971 Four Power Agreement. In addition this Agreement guarantees the free flow of traffic on the access routes to Berlin: at the moment these comprise three air corridors, eight railway lines, five roads and two waterways.

The neutral—and unprejudiced—observer must admit that a great deal has been accomplished on both sides—much that is good, and a little that needs re-thinking. The economic and cultural achievements on both sides of the Wall are considerable.

Berlin humour, wit, urbanity—these are still to be found on both sides of the Wall. And it is probably chiefly thanks to these that the Berliners have managed to survive all these years despite two currencies, the blockade and being used as a shuttlecock by two power blocs.

La République Fédérale d'Allemagne

La République Fédérale d'Allemagne – un sujet clair et précis pour un ouvrage illustré, semble-t-il. Du point de vue purement optique, une tâche facile à mener à bien puisqu'il s'agit en quelque sorte d'une mosaïque qui se composerait des éléments les plus beaux et les plus intéressants de cet espace géographique. Mais les difficultés apparaissent dès qu'il s'agit de représenter et de décrire cette zone comme un tout. La République Fédérale d'Allemagne, pays qui s'étend entre le Rhin et l'Elbe, n'est, il faut bien le reconnaître, qu'une partie de l'Allemagne proprement dite. Et le problème ne serait résolu qu'à moitié si on ne voulait pas consacrer un ouvrage ultérieur à l'autre partie de l'Allemagne, la République Démocratique Allemande. Telle est notre intention.

L'Allemagne – qu'est-ce donc exactement? Un espace culturel fermé, un tout en ce qui concerne les us et coutumes de ses habitants? La réponse à cette question ne peut être que non. Est-ce alors un état dont la formation se base sur des données naturelles? Non plus. Est-ce donc une unité linguistique? Oui. Encore ce oui est-il plutôt hésitant. A peine l'a-t-on prononcé que l'on commence à avoir des doutes. On apprend, on écrit et on parle la même «langue littéraire» que ce soit au nord ou au sud du pays. Mais un pourcentage élevé de la population ne fait guère usage de cette langue. Chaque région a son dialecte, plus ou moins vivace, plus ou moins coloré selon l'endroit. On est donc tenté de dire que le désir de puissance des princes et les besoins de la politique ont en quelque sorte rassemblé des fragments de puzzle qui, en réalité, ne vont pas vraiment ensemble. Sur ce point, seule l'histoire peut nous donner une réponse.

Les origines historiques de l'espace que nous considérons ici se perdent dans la nuit des temps. Nous possédons certes des vestiges de l'âge de pierre, de l'âge du fer, de l'âge du bronze et d'autres époques préhistoriques; cependant, la recherche ne nous a fourni de rapports assez exacts que dans quelques cas isolés. On ne pourra sans doute jamais reconstruire une image précise de cette époque dont nous ne connaîtrons jamais plus que des fragments. Aujourd'hui, nous savons du moins avec certitude que les premiers germains vivaient quelque huit siècles avant Jésus-Christ. Les collections de différents musées nous permettent de nous faire une idée du mode de vie des germains, de leur manière de se vêtir, de leurs outils et accessoires divers, de la façon dont ils se nourrissaient et de la manière dont ils ensevelissaient leurs morts.

A l'époque de la naissance de Jésus-Christ, le romains ont pénétré dans l'espace vital des germains, c'est à dire dans différentes régions de l'Allemagne actuelle; ils venaient en conquérants, en colonisateurs. Les nombreuses tribus germaniques – qui étaient auparavant loin de constituer une unité – ont désormais fait cause commune sous la pression romaine toujours croissante. Et Arminius, chef des Chérusques, de battre les légions de Varus au Teutoburger Wald en l'an 9 après J. C.

De leur côté, les romains n'avaient pas l'intention de rendre les régions conquises. En vue de protéger leurs nouvelles possessions, ils ont entrepris la construction du Limes, ligne fortifiée destinée à arrêter les attaques lancées du nord ou de l'est. Pourvue de tours de guet et de forts, cette ligne fortifiée allait de Kelheim en Bavière jusqu'à Rheinbrohl, localité située sur le Rhin, en aval de Coblence. Le Limes s'étirait ainsi sur quelque 570 kilomètres. Des fouilles ayant mis à découvert des restes plus ou moins bien conservés dans le sud et le sud-ouest du pays, on a pu reconstruire le tracé exact du Limes. Nous trouvons de l'époque romaine des vestiges intéressants à Trèves (Porta Nigra), à Mayence (le castel Moguntiacum fondé par Drusus), à Baden-Baden et à Badenweiler. Bien

des routes de cette région ont été aménagées à l'emplacement d'anciennes voies romaines.
Lors des grandes invasions (elles ont commencé vers 250 apr. J. C.), les germains fondent des royaumes. Traversant les Balkans, les Wisigoths pénètrent en Italie puis dans le midi de la France et le nord de l'Espagne. Les Ostrogoths viennent également en Italie. Les Vandales vont jusqu'en Afrique. Les Alamans, les Burgondes et les Francs passent le Rhin. Les Anglo-Saxons atteignent les Iles Britanniques. Les Lombards s'installent en Italie du nord. Ces migrations ont mis les germains en contact avec la culture romaine et, mieux encore, avec la culture antique et le christianisme. Clovis (466—511) a fondé le royaume des Francs, zone qui a été en grande partie convertie au christianisme par des moines irlandais et par St-Boniface. Charlemagne (768—814) est considéré comme le rénovateur de l'empire. Puis ses successeurs se partagèrent ce qui avait été réuni au prix de nombreux efforts. Otton Ier le Grand (936—973), fondateur du St-Empire romain germanique, entreprit des expéditions vers Rome, manifestant ainsi la vieille nostalgie des peuplades germaniques pour le midi ensoleillé. Henri III (1039—1056) a tenu tête à la papauté tandis que son successeur, Henri IV, a dû aller s'humilier devant le pape Grégoire VII à Canossa en 1077.
Konrad III (1138—1152) est le premier Hohenstaufen à accéder au trône impérial. De cette dynastie, retenons deux noms, Frédéric Barberousse (1152—1190) et Frédéric II (1212—1250). De 1274 à 1437, les empereurs appartenaient à différentes familles. Puis les Habsbourg se sont emparés en 1438 de la couronne impériale qu'ils ont pu conserver jusqu'en 1806. L'Allemagne allait connaître avec eux quatre siècles mouvementés. On assista au développement du commerce, de l'économie et de l'artisanat; mais les périodes de prospérité étaient toujours interrompues par des guerres qui entraînaient épidémies, sièges et pillages.
C'est pendant le règne des Habsbourg que se produisit la Réforme. Martin Luther (1483—1546), moine augustin et professeur de théologie à Wittenberg, exposa ses 95 thèses à la chapelle du château le 31 octobre 1517. Il voulait s'opposer ainsi à l'abus des indulgences. Il publia ses écrits trois ans plus tard ce qui lui valut une menace d'être mis au ban de l'empire. Cette menace fut d'ailleurs mise en pratique en 1521 lors de la diète de Worms, Luther ayant refusé d'abjurer. Devant l'empereur et les dignitaires de l'empire, il justifia son attitude en ces termes: «Je suis là, je ne peux faire autrement; que Dieu m'accorde son aide. Amen.» Des chevaliers de son prince-électeur l'accompagnèrent aussitôt à la Wartburg où il se réfugia. C'est pendant ce temps qu'il traduisit le Nouveau Testament en allemand. De retour à Wittenberg, il entreprit l'organisation de l'Eglise luthérienne. Il dut soutenir contre le pape et l'empereur de véhémentes controverses qui ont cessé lors de la diète d'Augsbourg en 1530. Cependant, le protestantisme n'a été reconnu provisoirement que par la paix d'Augsbourg en 1555. Un deuxième événement marquant — en partie conséquence de la Réforme — qui se déroula pendant le règne des Habsbourg a eu des suites pendant plusieurs siècles, non seulement en Allemagne, mais dans l'Europe tout entière. Il s'agit, cela va sans dire, de la Guerre de Trente Ans (1618—1648). Prenant pour prétextes des différends d'ordre religieux et politique, les princes ont essayé d'agrandir leurs territoires. Les différents états ont alors profité de l'occasion pour s'élever contre l'absolutisme de Ferdinand d'Autriche. Suédois, Français, habitants du royaume de Bohême, Habsbourg, Bavarois et troupes du Palatinat se combattent mutuellement, ravageant et pillant tout sur leur passage. Revirements de fortune, épidémies et disettes,

crimes politiques (Wallenstein fut assassiné en 1634) et arbitraire des antagonistes prennent fin avec le traité de Westphalie en 1648. Ce traité reconnaît définitivement la religion protestante et l'Eglise réformée. Mais un tiers de la population avait été décimé au cours de cette longue guerre.

En 1806, l'empereur François II renonce à la couronne du St-Empire romain germanique. A l'exception de la Prusse, du Brunswick, de la Hesse et de l'Autriche, les princes allemands se sont réunis pour constituer la Confédération du Rhin. Ils n'avaient pas remarqué qu'ils servaient ainsi la cause de Napoléon et l'aidaient à réaliser ses projets. Cette Confédération a été dissoute lors des «Guerres de libération» (1813—1815). Lors de la révolution de 1848, la bourgeoisie s'opposait à la tentative de rétablir l'ordre existant avant Napoléon, autrement dit à une restauration. L'assemblée nationale se réunit à Francfort dans la célèbre Paulskirche (ancienne église St-Paul). On constate un succès des idées de la bourgeoisie. Frédéric-Guillaume IV refuse le titre d'empereur d'Allemagne. En Prusse, Bismarck devient à la fois premier ministre et ministre des affaires étrangères en 1862. En 1867, il reçoit la fonction de chancelier de la Fédération d'Allemagne du Nord. Après la guerre de 1870 et la victoire remportée sur la France, Bismarck recrée l'empire d'Allemagne. En 1871, le roi de Prusse est proclamé empereur d'Allemagne dans la Galerie des Glaces à Versailles. C'est le début d'une période de calme, de contentement de soi, de prospérité. Nourri par trois victoires (1864, 1866 et 1870), le «sentiment patriotique» se manifeste de plus en plus. Artisanat et bourgeoisie connaissent une aisance jamais atteinte, c'est la prospérité dans tous les domaines, d'autant plus que l'industrialisation fait des progrès énormes.

La Première Guerre mondiale (1914—1918) arrache l'Allemagne – et les grandes puissances – à cette quiétude bourgeoise. Au début, on s'était enthousiasmé pour cette guerre considérée comme une aventure venue interrompre une époque ennuyeuse car trop rassasiée à tous points de vue. Puis l'enthousiasme fait place chez la population à une sorte de résignation due aux privations, voire à la famine, aux défaites et aux pertes considérables éprouvées au cours des grandes batailles. L'empereur abdique. Révolution, inflation, chômage et haine entre les partis marquent les années de cet après-guerre qui devint un entre-deux-guerres puisque la Deuxième Guerre mondiale, encore plus terrible que la première, a allumé ses incendies sur tout le globe de 1939 à 1945. Nouvelles années de privations, nouvelle catastrophe économique et nouvelle dévaluation. Quelques années après la fin de cette guerre, la partie occidentale de l'Allemagne devient la République Fédérale d'Allemagne. Chance et diligence contribuent à faire naître ce qu'on a aujourd'hui coutume d'appeler le «miracle allemand».

*

Les historiens voudront bien nous pardonner cette esquisse historique pour le moins incomplète. Cette modeste énumération de faits historiques a pour but de montrer de quels événements dépend l'évolution d'un pays, et à quel point des décisions paraissant sans importance peuvent influencer la vie d'un peuple. L'histoire donne son emprunte et détruit, abat et construit, met des accents et a pour conséquence la résignation. Chacun sait que pour comprendre les événements historiques il est nécessaire d'avoir au moins une idée de leurs causes. Cet aperçu historique aux nombreuses lacunes ne veut être que l'esquisse de la toile de fond devant laquelle l'Allemagne est devenue ce qu'elle est aujourd'hui.

Mais, pour en revenir au point de départ de notre considération, qu'est-ce donc vraiment que cette Allemagne? N'a-t-on pas éventuellement l'impression que la Bavière se sent davantage attirée vers l'Autriche, sa voisine, que vers le Schleswig-Holstein? Les Alamans du sud-ouest du pays n'ont-ils pas plus d'affinités pour leurs voisins suisses ou alsaciens que pour les habitants de la Ruhr et de la Basse-Saxe? Le Westphalien ne ressemble-t-il pas davantage au Hollandais qu'au Wurtembergeois? Et les Sarrois ne sont-ils pas attachés à la France par des liens plus forts que ceux qu'ils éprouvent envers les habitants de la Frise ou de la Haute Franconie? Tout ceci est peut-être crai; pourtant tous ces pays se disent allemands – et ils le sont vraiment. Un coup d'œil à la carte suffit à expliquer les doutes éventuels. 900 kilomètres séparent Flensburg de Constance. Au nord, le pays est limité par le Danemark, la Mer du Nord et la Mer Baltique. Au sud, la chaîne des Alpes constitue une puissante frontière naturelle. A l'ouest le Rhin sert partiellement de frontière, mais cette dernière permet les échanges d'une rive à l'autre.

Nous avons donc affaire à un espace étendu. Quoi d'étonnant, alors, à ce que les populations des différentes régions manifestent des contrastes aussi frappants? Des habitudes séculaires marquent l'homme de leur emprunte. Dans les régions côtières, la mer était – et reste parfois encore – l'élément décisif. Flux et reflux, tempêtes et inondations, débâcle et mer calme sont des phénomènes indépendants de l'influence de l'homme. Dans les Alpes, par contre, le déroulement de la vie quotidienne dépend de tout autres facteurs: hiver long et rigoureux, été chaud et sec, été humide, etc. Les fleuves et rivières connaissant deux périodes de crues (c'est par exemple le cas dans la région de Passau) sont soumis à des lois différentes de celles des fleuves et rivières des massifs d'Allemagne centrale, des plaines fertiles ou des zones marécageuses au bord de la mer. Il était donc logique que les mêmes joies et les mêmes peines, les mêmes soucis et le même labeur ne rapprochent que ceux qui vivaient dans des conditions analogues. D'où la diversité des dialectes, des us et coutumes et des méthodes de travail. La manière de se vêtir, de boire, de manger, de s'amuser et de manifester son affliction – tous ces traits caractéristiques ont leur origine naturelle dans le paysage de la région. Et, contrairement à ce que l'on croit à première vue, ces différences ne constituent pas une séparation.

Nous avons déjà évoqué les différences existant dans le parler des diverses régions; considérons maintenant la langue en tant que moyen d'expression. Cette dernière exerce pour ainsi dire la fonction d'une agrafe qui maintient tout un peuple. Ce que de grands esprits ont dit ou écrit devient la propriété du peuple tout entier. Jamais il ne viendrait à l'idée d'un Bavarois, d'un habitant du Holstein ou encore de Westphalie, de dire que Goethe est de Francfort et Schiller de Marbach. Walther von der Vogelweide (1170—1230) a composé non seulement des chansons d'amour mais encore des chants nationaux. Et c'est à juste titre que Conrad Arnold Bergmann, historien et pédagogue, le considère comme «le maître et le guide du peuple allemand». Le Faust de Johann Wolfgang von Goethe (1749—1832) constitue en quelque sorte un monument représentant l'Allemand en général et non pas seulement l'habitant de la Franconie, de la Hesse ou de la Saxe. «C'est comme si deux cœurs battaient dans ma poitrine...»; voilà qui illustre parfaitement le caractère de l'homme vivant dans cet espace, le déchirement et l'effort accompli afin d'atteindre le «meilleur». Cet homme est considéré comme le grand Allemand par excellence. Son esprit universel s'intéressait à l'histoire, à l'antiquité, aux sciences physiques et naturelles et aux grands problèmes de l'humanité. Il rédigea en outre de nombreux

poèmes, des essais, traités, drames et nouvelles qui, de par la langue et le style, comptent désormais au nombre des grands monuments culturels.
Nous avons aussi Friedrich von Schiller (1759—1805), fils célèbre du Wurtemberg. Ses «Brigands», son «Guillaume Tell», son «Don Carlos», son «Hymne à la Joie» – tout cela a-t-il perdu de sa signification au cours des siècles? Professeur d'histoire et de philosophie, il écrivit en outre la «Chute des Pays-Bas» et l'«Histoire de la Guerre de Trente Ans», deux œuvres d'importance capitale, non seulement pour leur contenu mais aussi du point de vue de la langue et du style.
Bien d'autres écrivains et poètes de langue allemande ont contribué à ce que le monde culturel sache ce que signifie la notion: allemand. Les citer tous serait impossible et, là encore, nous devons nous contenter d'un aperçu: Gotthold Ephraïm Lessing (1729—1781) compte parmi les plus grands noms de la littérature; ses ouvrages philosophiques, ses traités d'esthétique et ses drames sont connus dans le monde entier. Friedrich Hebbel (1813—1863), auteur de «Judith», «Marie-Madeleine», «Gygès et son anneau», «Agnès Bernauer». Friedrich Hölderlin, un ami de Hegel et de Schelling, a écrit entre autres «Hypérion». Theodor Storm (1817—1888) exprime surtout l'âme du Schleswig-Holstein, sa région natale, dans des œuvres telles que «Immensee», «Pole Poppenspäler» et «Schimmelreiter». Hans Carossa (1878—1956) nous a laissé «l'Année des belles Illusions», «Secrets de l'Age mûr» et «Gion le Médecin».
Et combien de grands musiciens l'Allemagne a-t-elle produits! Le plus célèbre de tous est peut-être Ludwig van Beethoven (1770—1827) dont les neuf symphonies, les sonates et les concertos pour piano résonnent dans les salles de concerts du monde entier. Mais nous avons aussi Richard Strauss (1864—1949), compositeur d'opéras, de Lieder, de musique de ballet et de musique de chambre. Heinrich Schütz (1585—1672) fut le plus célèbre compositeur d'œuvres sacrées avant Johann Sebastian Bach qui a également composé le premier opéra allemand, «Daphné». Johannes Brahms (1833—1897) a su réunir dans sa musique classicisme et romantisme; ses quatre symphonies, ses œuvres de musique de chambre et ses concertos pour piano sont mondialement connus. Et il ne faut pas oublier Richard Wagner (1813—1883), créateur du grand drame musical et d'une orchestration nouvelle (orchestre géant); il écrivait lui-même le livret de ses opéras dont il puisait les sujets dans l'histoire et la légende. Notre époque contemporaine a elle aussi ses grands noms: Werner Egk, Paul Hindemith, Carl Orff.
Il y aurait également beaucoup à dire en ce qui concerne les arts plastiques; le lecteur nous pardonnera une nouvelle énumération destinée à lui donner une idée des nombreux artistes et de leurs principales œuvres. Ces œuvres, on peut les admirer dans les musées du monde entier. Franz von Lenbach (1836—1904) fut l'un des plus grands peintres de son époque. Carl Spitzweg (1808—1885) est un grand maître du «Biedermeier» (correspondant à l'époque du style Louis-Philippe). Hans Thoma (1839—1924), peintre de la Forêt-Noire et du Taunus. Philipp Otto Runge (1777—1810), l'un des plus grands noms de la période romantique. Veit Stoss (1445—1533), peintre, graveur et sculpteur. Albrecht Dürer (1471—1528), peintre, graveur, auteur de manuels sur la perspective et les proportions. Peter Vischer l'Ancien (1460—1529) et Peter Vischer le Jeune (1487—1528), fils du précédent, deux mouleurs célèbres. Lucas Cranach l'Ancien (1472—1553), peintre et sculpteur sur bois, et son fils Lucas Cranach le Jeune (1515—1586). Mathias Grünewald, auteur de nombreux tableaux et dessins et notamment du célèbre «retable d'Isenheim».

Littérature, musique et arts plastiques ont contribué à assurer à l'Allemagne une renommée mondiale. Mais ce n'est pas tout. A la liste de ces grands noms s'ajoutent ceux de nombreux savants. Les découvertes et les ouvrages des chercheurs, médecins, physiciens, philosophes, ingénieurs ou chimistes peuvent influencer et même transformer la vie d'un peuple. Le passé l'a montré et le présent continue à le faire. Le physicien Hermann von Helmholtz (1821—1894) est considéré comme l'inventeur de l'ophtalmoscope et a fondé l'Administration physico technique. Peter Henlein (1480—1542) a construit la première montre. Alexander von Humboldt (1769—1859), grand géographe et chef d'expéditions, a entrepris des recherches très poussées sur la climatologie et la botanique. La théorie de la relativité d'Albert Einstein (1879—1955) a constitué la base de la recherche atomique et permis à la physique de faire d'énormes progrès. Les expériences qu'il a exécutées avec les ondes électriques ont conduit Heinrich Hertz (1857—1894) au principe de la télégraphie sans fil. Indépendamment l'un de l'autre, Gottlieb Daimler (1834 à 1900) et Karl Benz (1844—1929) ont construit la première automobile. Werner von Siemens (1816—1892) a réalisé la première dynamo; ses frères Wilhelm et Friedrich sont les inventeurs du «four Siemens-Martin» utilisé dans la fabrication de l'acier. Ferdinand Sauerbruch (1875—1951) a ouvert à la médecine des voies nouvelles dans le domaine de la chirurgie pulmonaire et cérébrale. Robert Bosch (1861—1942) a révolutionné l'automobile par la découverte du starter automatique pour moteurs à essence. Par sa découverte des rayons X, Wilhelm Conrad von Röntgen (1845—1923) n'a pas seulement aidé la médecine; industrie et technique utilisent aussi ce procédé infaillible lors de l'analyse de matériaux. Nous avons renoncé sciemment à considérer ces hommes plus en détail. Ils viennent d'époques, de milieux sociaux et de régions très différents. La plupart sont particulièrement honorés dans leur pays natal ou à l'endroit où ils ont travaillé. Cependant, ils ne restent pas les fils d'une région donnée; ils appartiennent, si l'on peut dire, au pays tout entier. Par leur travail et leurs découvertes, ils ont souvent fait beaucoup plus pour leur pays qu'un politicien auquel l'histoire donne par la suite la place qui lui revient – et pas toujours une place prépondérante.

Comparé à la liste des découvertes et travaux de grands Allemands, le nombre de noms cités ici est bien peu important; cela suffit toutefois à éveiller une certaine fierté. Les étrangers reprochent parfois aux Allemands d'afficher un certain orgueil. Ce n'est peut-être pas faux et il est bien possible que cet orgueil soit motivé par cette longue liste de noms célèbres. Mais soyons francs: l'expérience montre que cet orgueil est souvent mal placé en la personne de ceux qui le manifestent et qui s'identifient avec les grands noms de leur nation.

Comme beaucoup d'autres pays d'un niveau culturel élevé, l'Allemagne subit actuellement un processus de transformation que l'on peut esquisser vaguement par les notions «société de masse» et «consommation de masse». L'industrie ne se contente plus de «couvrir la demande»; sortant de sa réserve, elle provoque le consommateur pour «éveiller la demande». Cette évolution surprend littéralement le paysan jadis sédentaire, l'artisan et le petit commerçant. L'espace vital de la majorité de la population n'est plus déterminé par le pays natal ou la région d'origine mais par le lieu de travail, la possibilité de se faire une situation. On assiste donc actuellement à un déracinement d'une envergure comparable à celle des grandes invasions; la plupart des gens ne sont d'ailleurs pas conscients de ce fait que la turbulence des événements leur dissimule. Notre société industrialisée exige de chacun son tribut. Il n'est guère exagéré de prétendre que l'on change aujourd'hui de logement comme de chemise. De nouvelles découvertes entraînent parfois le dépeuplement de toute une région. La grande ville exerce l'attrait d'un aimant. Par exemple, Munich compte en moyenne 30000 nouveaux venus par an. Voilà qui entraîne des problèmes fort difficiles à résoudre.

Bien des choses qui nous étonnaient peut-être encore il y a quelques années nous semblent tout à fait normales aujourd'hui: la circulation dont la densité est telle que l'on peut craindre un véritable chaos; les stations de lavage automatique d'où les voitures ressortent étincelantes au bout de trois minutes; les vide-ordures dans les maisons-tours comptant jusqu'à vingt étages et plus; les usines dont les chaînes automatiques fabriquent non seulement des produits de consommation courante mais aussi outils, machines et appareils perfectionnés sans que l'homme doive y mettre la main. Dans une usine où toutes les machines fonctionnent automatiquement, la tâche de l'homme consiste uniquement à surveiller et à entretenir l'installation. Nous sommes continuellement confrontés avec le progrès sous ses formes les plus variées. Tout bien considéré, il est à peine exagéré de prétendre que notre pays menace d'étouffer dans l'impersonnalité et la masse. Seuls les malveillants et ceux qui manquent de jugement peuvent être d'un avis différent. Cette évolution exige de chaque individu une décision dont il n'est pas toujours capable. Beaucoup restent embarrassés, perdus et comme apeurés au milieu de cette surabondance. Chacun doit trouver sa propre façon d'avoir raison de cet état de choses, d'organiser sa propre vie, de procéder à un choix judicieux et bien défini parmi la diversité de l'offre. Cette offre – sur le plan économique, spirituel et culturel – est toujours la même de Flensburg à Constance, de Sarrebruck à Kronach, de Lörrach à Nuremberg et d'Aix-la-Chapelle à Berchtesgaden. Faut-il le regretter? Doit-on s'y opposer? Ce serait en vain. L'individu est incapable de freiner cette évolution qui, il faut bien le reconnaître, a également un aspect très positif. Ce qu'on a essayé de réaliser pour ainsi dire en vain des siècles durant, la deuxième moitié de 20e siècle l'a obtenu: une certaine unité du peuple allemand dans son ensemble. Les différences d'origine s'estompent de plus en plus, de même d'ailleurs que les différences d'ordre social. Et cette modification est due en grande partie à des facteurs tels que radio et télévision, presse et automobile, avion et chemin de fer. Les distances ont perdu de leur signification. Ce qui représentait il y a une centaine d'années un voyage exténuant d'une journée n'est plus aujourd'hui qu'un bref déplacement exécuté en une heure. Jamais siècle n'a connu de possibilités comparables à celles de notre époque. La génération d'avant la Première Guerre mondiale vivait encore dans un univers restreint où l'on grandissait, travaillait et restait sa vie durant; aujourd'hui, par contre, voyager compte au nombre des occupations les plus naturelles. Chacun a vraiment la possibilité de découvrir son pays tout entier.

Une entreprise qui en vaut la peine. On voit des choses intéressantes, on fait la connaissance de personnes et d'habitudes nouvelles, et puis on apprend beaucoup en voyageant. On est confronté avec l'histoire, une histoire vivante. Ce qui n'était que chiffres prend désormais forme. Le passé de l'Allemagne nous apparaît dans toute sa grandeur à travers les nombreux édifices que le voyageur rencontre sur sa route de Lübeck au lac de Constance, d'Aix-la-Chapelle à Nuremberg, de Passau à Worms. Parcourons brièvement les différentes époques sans tenir compte de limites géographiques. Nous sommes tout d'abord confrontés avec la période carolingienne (8e et 9e siècles). Les maîtres d'œuvres s'inspirent de la fin de l'antiquité. De cette époque datent St-Michel de Fulda

(820) et son monastère, la cathédrale d'Aix-la-Chapelle avec son trésor et le trône de Charlemagne, le hall royal de Lorsch (764) en Hesse avec les trois arcs en plein cintre et les trois fenêtres du mur latéral si riche en ornements.
L'époque des Otton (10e—11e siècles) coïncide avec le début du style roman. Parmi les réalisations les plus marquantes, retenons Gernrode et Quedlinburg (Harz oriental), la cathédrale St-Michel à Hildesheim, Augsbourg, Ratisbonne, Cologne et l'église de l'île Reichenau. C'est alors qu'apparaissent aussi les premières enluminures de l'Ecole de Reichenau: l'apocalypse de Bamberg et le livre des Evangiles d'Otton III. Les fresques murales de Reichenau-Oberzell sont également d'un très grand intérêt historique et culturel. Le style roman s'est encore poursuivi jusqu'au 13e siècle. De cette époque datent les ruines de l'église abbatiale de Hirsau en Forêt-Noire, l'abbaye d'Alpirsbach et Königslutter. Puis les cathédrales de Worms (11e siècle) et de Spire de même que les palais impériaux de Goslar et Gelnhausen (12e siècle). Notons en outre des sculptures telles que le «lion de Brunswick», la grille du chœur de Bamberg et le baptistère de Hildesheim.
On a appelé l'art gothique «le style profane du Moyen-Age». Quoi qu'il en soit, nous lui devons des réalisations grandioses telles que la cathédrale de Cologne (entreprise en 1248, elle n'a été terminée qu'en 1840), les cathédrales de Fribourg en Brisgau et d'Ulm (avec ses 161 mètres, la flèche de cette dernière constitue le plus haut clocher existant). De cette époque datent également les églises de Schwäbisch Gmünd et Nuremberg et les édifices gothiques en brique, typiques de l'Allemagne de Nord, dont nous citerons à titre d'exemple Lübeck et Ratzeburg. Le «Cavalier de Bamberg» (13e siècle) est une des sculptures gothiques les plus célèbres. En ce qui concerne la peinture, relevons la «Madonna im Rosenhag» (15e siècle) de Stephan Lochner et «St-Christophe», œuvre de Konrad Witz (15e siècle), grand maître de la «Oberrheinschule» (Ecole du Rhin Supérieur).
Tandis qu'elle signifiait en Italie un retour à l'antiquité, la Renaissance développa en France et en Allemagne son style particulier: Ottheinrichsbau (une aile du château de Heidelberg construite sous le prince-électeur Otto-Heinrich dit Ottheinrich), hôtel de ville d'Augsbourg. Les représentants typiques de cette époque sont Tilman Riemenschneider, Veit Stoss, Adam Krafft et Peter Vischer l'Ancien. Parmi les peintres: Albrecht Dürer, Baldung Grien, Mathias Grünewald, Hans Holbein, Lucas Cranach et Albrecht Altdorfer.
La période baroque (fin du 16e — début du 17e siècles) a encore été appelée «l'ère du renouveau». Renouveau de la vie religieuse, de la notion d'état et des sciences. Les principaux représentants en sont Balthasar Neumann pour l'architecture, Adam Elsheimer pour la peinture, Ignaz Günther et Andreas Schlüter pour la sculpture. Si le style baroque était parfois un peu lourd et massif, le style rococo (18e siècle) qui lui fait suite donne aux formes une grâce enjouée. Ce caractère ne reste d'ailleurs pas le propre des façades; il se manifeste dans la décoration intérieure, le mobilier et la mode. Le style rococo est né en France mais l'Allemagne est par excellence le pays de ce style. C'est le château de Sans-Souci à Potsdam (construit par Knobelsdorff sur les plans de Frédéric II). C'est la «Wies», église de pèlerinage érigée par Dominikus Zimmermann aux environs de Steingaden en Bavière et considérée comme un chef-d'œuvre du rococo. Son décor intérieur, les fresques du plafond et les magnifiques stucs attirent chaque année des milliers de visiteurs. Dans toute la Haute-Bavière, les frères Cosmas (1686—1739) et Egid Quirin Asam (1692—1750) ont bâti et décoré des églises

de toute beauté comptant parmi les plus belles réalisées à la fin de la période baroque et pendant la période rococo. C'est de cette époque aussi que datent les célèbres porcelaines de Saxe (Meissen) de Joh. Joachim Kändler. L'apparition du rationalisme (autour de 1800) entraîne la fin de la puissance de l'Eglise; c'est le début du classicisme; l'Etat perd son influence. Une antiquité mal comprise va être imitée par l'individualisme bourgeois. Et d'autres styles – renaissance, gothique, etc. – connaissent le même sort. Dans le domaine de l'architecture, les noms célèbres sont Langhans (Porte de Brandebourg à Berlin), Klenze (Glyptothèque de Munich), Weinbrenner (Karlsruhe et sud du Pays de Bade).
A son tour, le romantisme peut être considéré comme une réaction contre l'exagération du classicisme. On s'efforce tout à coup de faire revivre le Moyen-Age ou la période baroque. On constate cette tentative notamment chez Ph. O. Runge, C. D. Friedrich, M. v. Schwind. Avec le romantisme se termine aussi le dernier soupçon du Moyen-Age.
Les temps modernes (début du 19ᵉ siècle) commencent tout d'abord par une décadence générale du style. La continuité se faisant jour pendant les époques précédentes fait place à un changement continuel de direction. Toc et art se côtoient. La photographie se voit désormais attribuer le rôle de la reproduction d'après nature. L'art «s'abandonne à ses passions». Au début du 20ᵉ siècle, le «Jugendstil» tente de réaliser une certaine épuration des styles. Finalement, cette époque sera relayée par un style de tendance purement «pratique», phénomène qui se manifeste jusqu'à maintenant. Il suffit pour s'en rendre compte de considérer une série de constructions réalisées après la guerre. Elles se ressemblent toutes plus ou moins de Hambourg à Fribourg et de Sarrebruck à Passau.

D'aucuns trouveront peut-être ce récit trop insignifiant, voire même ennuyeux, ne voyant là qu'une succession de détails, sans plus. Il faut bien reconnaître, cependant, que ce sont là les bases de notre culture et de notre civilisation. La vie de chacun d'entre nous est en relation avec les connaissances de ces hommes et avec les résultats obtenus au cours des différentes époques. Notre intention consistait à montrer le rôle de la tradition dans la culture des individus. C'est là un fait certain, quand bien même la majorité d'entre nous ne s'en rend pas compte. En effet, seule la richesse culturelle du passé nous permet de prendre conscience de l'échelle de notre pensée, de nos actes et de notre mode de vie. La tradition spirituelle indique le chemin de l'avenir. Pour cela, il est nécessaire d'effectuer un inventaire des conditions spirituelles et des données historiques, de la situation économique et de la structure sociale.
Comme nous l'avons déjà évoqué auparavant, le 20ᵉ siècle occupe soudain une position particulière. Isolées et réduites à un espace déterminé, les anciennes cultures semblent tout à coup cesser d'exister. Avec ses conquêtes et ses exigences, la technique s'empare des peuples comme une ivresse. Elle aplanit les difficultés et apporte des simplifications notoires. A notre époque où la spécialisation joue un rôle de plus en plus important, nous courons le danger de nous étioler du point de vue intellectuel; c'est précisément pourquoi il importe de se rappeler les réalisations de nos ancêtres. Pas question ici d'orgueil national; il s'agit d'un pur instinct de conservation. Car c'est bel et bien dans son passé historique que reposent les forces inépuisables d'un peuple.
De telles indications données par les historiens et les philosophes s'appuyant sur une expérience sûre restent souvent incomprises et rejetées avec la remarque: «C'est dépassé! Aujourd'hui, on a autre chose à faire!» Et quiconque ob-

serve un dimanche les colonnes de voitures qui roulent au pas sur les routes et les autoroutes voisines des grandes villes telles que Hambourg, Francfort ou Munich, en vient à douter qu'il y ait encore beaucoup d'Allemands accordant une signification aux richesses culturelles de leur pays. Des milliers d'individus quittent la ville dès le matin, avancent en colonnes, pareils à un mille-pattes géant, et rentrent le soir, épuisés, dans le désert de pierre que sont nos villes. Le but de ces individus est de ne pas en avoir, de se perdre parmi leurs semblables.

On ignore trop souvent que les autoroutes fournissent précisément une excellente occasion de connaître l'Allemagne. Elles sillonnent le pays du nord au sud et d'est en ouest. Elles ignorent les frontières, enjambent les vallées et traversent les montagnes. Et il suffit de s'en éloigner de quelques kilomètres, à droite ou à gauche, pour être confronté avec ce que nous appelons notre héritage culturel. A peine connu, encore moins visité, oublié.

Pouvons-nous dire maintenant ce qu'est l'Allemagne? Cette question peut donner lieu à des réponses différentes. Le technicien contemporain y répondra autrement que l'historien ou le politicien. Le contemporain considère-t-il le St-Empire romain germanique? La Prusse de Frédéric II? La Confédération Germanique? L'Empire créé par Bismarck? La République de Weimar? Ou bien «son» Allemagne — la République Fédérale d'Allemagne? Son sentiment national est-il ou non partisan de la Grande Allemagne, est-il de tendance démocratique ou autoritaire? Rien de tout cela. Pour la majorité, l'Allemagne, c'est ce que l'on connaît, ce qu'on a vu. Jamais l'occasion d'élargir son horizon n'a été aussi favorable que maintenant. Quiconque s'en donne la peine aura tôt fait de constater que l'Allemagne mérite bien d'être découverte. Notons toutefois que voyager de façon judicieuse est un art; cela suppose un œil exercé, le sens de l'improvisation, une certaine modération et la capacité de réflexion. Et il faut savoir prendre son temps. Il serait certes déplacé de déplorer le romantisme des voyages en diligence. Il faut cependant reconnaître que le vrai plaisir n'attend le visiteur que très rarement là où les groupes de voyage, pareils à des troupeaux de moutons, se confient à la voix monotone d'un guide plus ou moins compétent. Pour passer d'excellentes vacances, il n'est pas nécessaire non plus de se rendre le plus loin possible.

Le but de cet ouvrage est d'apporter sa contribution avec ses nombreux motifs attrayants, avec un mélange judicieux du passé et du présent.

La Bavière

PAGES 72—133

«Le paradis de vacances allemand – ouvert toute l'année!» Cette opinion ne se manifeste pas seulement à l'étranger et outre-mer; on la rencontre aussi en Allemagne, au nord du Main. Une zone montagneuse, des alpages parsemés de chalets où vivent de jolies bergères, tous les jeunes gens portent le costume folklorique – chapeau tyrolien, culotte de cuir et veste courte – et dansent le «Schuhplattler», sifflent des tyroliennes et jouent de la cithare. Telle est approximativement la notion stéréotypée que l'on a de cette région.
Une bonne réputation oblige. Egalement celle de contribuer à la détente des visiteurs. Et les Bavarois de jouer le jeu. En général, tyroliennes, cithare, danses et costumes folkloriques n'apparaissent guère que dans les lieux de villégiature et, fait bien regrettable d'ailleurs, presque uniquement pour les visiteurs, pendant la «saison».
Et la réalité, comment se présente-t-elle? Commençons par les faits historiques: la Bavière est le plus ancien des états allemands et le seul qui, en 1945, ait conservé en gros ses frontières d'origine. Son histoire renferme une foule d'événements importants. L'héritage culturel est plus riche et plus varié que dans n'importe quel autre état allemand. La Bavière est considérée comme la patrie du style baroque et Munich, la capitale, comme la métropole artistique de l'Allemagne. Cette région a été extrêmement gâtée par la nature qui y déploie une gamme de paysages très variés.
La Souabe est célèbre pour son élevage et son industrie laitière. Mais c'est aussi une région touristique, notamment dans l'Allgäu, et elle possède une industrie florissante à Augsbourg et dans les environs. A son extrémité sud, à la frontière autrichienne près de Füssen, commence la «Route romantique», itinéraire touristique passant par Steingaden, Schongau, Landsberg, Augsbourg et Donauwörth; puis viennent Dinkelsbühl et Rothenburg ob der Tauber, autant de noms bien connus. Elle se termine près de Wurtzbourg, donc en Franconie, contrée célèbre pour son vin conservé dans des bouteilles de forme particulière appelées «Bocksbeutel». Cette Bavière des bords du Main est bien différente de la Bavière telle que nous la rencontrons dans le Haut-Palatinat ou dans la Forêt de Bavière. Nuremberg et Fürth constituent le centre de l'économie du nord de la Bavière. Bamberg (cathédrale, hôtel de ville, «cavalier de Bamberg», autel de Riemenschneider) est le centre culturel de la Haute-Franconie. Et nous n'avons pas encore mentionné les nombreux châteaux, jardins et maisons patriciennes de cette région.
Ce que le visiteur s'attend à trouver en Bavière n'existe effectivement que dans le sud de la Haute-Bavière. La beauté de la nature y atteint une perfection telle qu'on en reste subjugué d'admiration. Garmisch-Partenkirchen, Mittenwald, Oberammergau, Berchtesgaden, Reit-im-Winkl sont autant de localités «typiques».

Il est vrai que les Bavarois sont attachés au terroir. Cependant, ce serait faire erreur que de considérer la région comme tant soit peu arriérée. Sinon, les Jeux Olympiques de 1972 ne se dérouleraient sûrement pas à Munich. N'oublions pas non plus que la première ligne allemande de chemin de fer, inaugurée en 1835, conduisait de Nuremberg à Fürth – donc circulait en Bavière. Munich est devenu un grand centre de la mode en général et de la mode sportive en particulier. Les théâtres sont nombreux et leurs programmes vaiés. Et du point de vue économique? De nature réaliste, le Bavarois sait très bien qu'on a besoin d'argent. Mais étaler sa richesse n'est pas son genre. En Bavière, la personnalité compte – aujourd'hui encore – plus que la fortune.

Bade-Wurtemberg

PAGES 134—163

Le «Land» de Bade-Wurtemberg date du 25 avril 1952 et se compose de la Bade, du Wurtemberg et du Hohenzollern. Il est limité au sud et à l'est par le Rhin, le lac de Constance, l'Allgäu et la Bavière; au nord, il atteint Mannheim et le Taubergrund (confluent de la Tauber et du Main); à l'ouest, il touche à la France et à la Rhénanie-Palatinat. La plaine du Rhin, la Forêt-Noire, une partie de l'Odenwald, le Jura Souabe, le bassin du Neckar et la région du lac de Constance constituent non seulement des paysages variés mais créent autant de modes de vie divers. Les collines limitant la vallée du Rhin produisent des vins cotés (Markgräflerland, Brisgau, Kaiserstuhl, Ortenau). Dans la vallée proprement dite (Steinenstadt, Opfingen, Schwetzingen) on cultive d'excellentes asperges et du tabac (Lahr, Hanauer-Land près de Kehl). Au pied des monts de Forêt-Noire jaillissent des sources chaudes ayant donné naissance à des stations thermales réputées telles Bellingen, Badenweiler, Bad Krozingen, Baden-Baden. D'autres sources thermales sont en Forêt-Noire même (Peterstal, Griesbach, Rippoldsau). Le tourisme connaissant un essor toujours croissant, maint village de Forêt-Noire eut vite fait de devenir un lieu de villégiature recherché. Les conditions naturelles étaient si favorables que l'homme n'avait plus qu'à construire quelques hôtels, à aménager quelques itinéraires de promenade et à prévoir çà et là quelques bancs. Les vallées s'adaptaient à l'installation d'industries diverses: mécanique de précision, horlogerie, industries textiles, industries chimiques, industrie du papier et du bois.

Tandis que le versant occidental de la Forêt-Noire appartenait à l'origine à la Bade, le versant oriental, lui, était sur le territoire du Wurtemberg. L'industrie augmente d'importance à mesure que l'on s'avance vers l'est: meubles (Balingen, Frommern), industries textiles (Tailfingen), horlogerie (Schramberg), instruments de musique (Trossingen), chaussures et instruments de chirurgie (Tuttlingen). La zone industrielle proprement dite s'étend dans la vallée du Neckar: Stuttgart – Esslingen – Plochingen. Les usines y foisonnent littéralement (automobiles, machines, appareils, électriques, industries chimiques, conserves, etc.). Göppingen, Schwäbisch-Gmünd, Geislingen (WMF), Ulm (Magirus) et Heidenheim sont autant de centres industriels importants. De nombreux villages possèdent en outre leur «Fabrikle», leur petite usine; il s'agit généralement là d'anciennes entreprises artisanales qui se sont développées jusqu'à devenir une usine.

Les Souabes sont célèbres pour leur sens inné de l'économie, un trait de caractère qui a certes contribué à l'aisance du pays. Le nombre de petits pavillons construits au cours des deux dernières décennies dépasse de loin celui qui a été atteint ailleurs dans le même laps de temps. Aujourd'hui encore, les jeunes veulent avoir, avant de se marier, un trousseau complet. Autre particularité: en plus de leur tâche à la ferme, nombre de paysans souabes effectuent encore un travail à domicile. Si le sol du Jura Souabe est peu fertile, le paysage est par contre d'une rare beauté.

La région du lac de Constance est toute autre: végétation luxuriante et déjà méridionale (Mainau, Reichenau), vignobles, vergers, asperges (Tettnang; on devrait s'y arrêter afin de déguster les spécialités de l'auberge «Zum Rad»), houblon, pêche (ombre bleu). Rien d'étonnant à ce que les villages coquets, les églises et monastères, le climat agréable et les jardins fleuris des environs de la «Mer de Souabe» attirent autant de touristes.

La Hesse

PAGES 164—185

Odenwald, Bergstrasse et la région allant jusqu'au Rhin, vallée inférieure du Main, Taunus et derniers contreforts du Westerwald, hauteurs de Hesse dont le Vogelsberg et la Rhön, région de collines entre Werra, Fulda, Eder et Diemel, toutes ces régions constituent le Land de Hesse. Le visiteur se trouve confronté avec un paysage ni trop élevé, ni trop plat, interrompu par des hauteurs boisées, des prairies où l'herbe pousse dru, des vergers, des villages coquets aux jolies maisons à colombages, d'agréables vallées; le climat correspond au paysage, exception faite de la vallée du Rhin et du Main inférieur où le printemps est plus précoce et l'hiver plus tardif qu'ailleurs. La vigne pousse sur les pentes bien exposées, là où le climat est favorable. Rüdesheim est le grand centre viticole de la Hesse. Tous ceux qui connaissent l'animation régnant dans la «Drosselgasse» partageront cet avis.
Les stations thermales de Wildungen, Hersfeld, Salzschlirf, Nauheim, Salzhausen, Soden, Orb, Homburg, Schwalbach et Wiesbaden — qui est également la capitale — attirent chaque année un public nombreux et distingué.
Elevage, agriculture, cultures fruitières et vigne jouent un grand rôle dans l'économie du pays. L'industrie est essentiellement groupée autour de Francfort: industries chimiques, industries alimentaires, verreries, constructions mécaniques. Francfort est un centre commercial très actif; c'est le siège de la Direction Générale de la Bundesbahn (Société des Chemins de Fer de République Fédérale), de la Deutsche Bank et de plusieurs administrations importantes. Offenbach est considérée à juste titre comme la ville du cuir. Elle possède en outre des industries chimiques et métallurgiques, un port assez important et une source thermale; le château renaissance (1572), avec sa jolie tour d'escalier, son balcon et ses arcades richement ornées, mérite d'attirer l'attention.
Hanau est un centre de l'orfèvrerie et de l'argenterie; on y travaille également le platine. Industrie du caoutchouc, tailleries de diamants, industries du bois, telles sont les activités industrielles de la ville natale des frères Grimm, auteurs des célèbres contes.
Alsfeld au pied du Vogelsberg est généralement considérée comme la plus jolie ville de Hesse. Avec ses magnifiques colombages, ses tourelles, pignons et encorbellements, l'hôtel de ville repose majestueux sur des arcades et constitue l'attrait principal de la Place du Marché. A ce sujet, notons encore la Place du Marché de Melsungen.
A la cathédrale de Fulda, vieille cité épiscopale, repose St-Boniface, l'apôtre des Allemands, qui a été tué en 754. On peut également y voir la bible qu'il tenait soi-disant en main et qui a été tranchée par l'épée (ou la hache) de son bourreau. Fulda voit se dérouler chaque année la Conférence des évêques allemands. Un guide touristique recommanderait de visiter le château et son orangerie, le quartier de style baroque des environs de la cathédrale et l'église St-Michel (820).

Il n'est pas exagéré de caractériser la Hesse comme le pays des châteaux: Braunfels (1260) dominant la vallée de la Lahn, Runkel sur Lahn, le château renaissance de Giessen, Büdingen (au nord de Hanau), Lich (Wetterau), Hadamar (16e siècle), Kassel-Wilhelmshöhe (1786—1798), le château de Hanau et finalement Weilburg où naquit le roi Adolphe de Nassau. A ces châteaux viennent encore s'ajouter les ruines couronnant les hauteurs des bords du Rhin.

Rhénanie-Palatinat

PAGES 186—197

Le fait que ce Land ait un ministre chargé des questions vinicoles indique le rôle joué par cette branche de l'économie: 70 pour cent du vignoble allemand s'étendent sur ce pays qui produit 80 pour cent de la récolte allemande. «Deutsche Weinstrasse» dans le Palatinat, Nahe, Mosel, Ahr, Ruwer, pays du Rhin et Rhin moyen sont les grandes zones vinicoles. Villes et villages sont autant de noms de vins célèbres et appréciés.

A vrai dire, ce pays se compose d'éléments un peu hétéroclites. Il va du Rhin jusqu'au Westerwald et au-delà de la Sieg (à l'est), de la Sarre à l'Eifel (à l'ouest) et jusqu'à Bad Neuenahr (au nord).

Mayence prenait dès 1254 la tête de la Confédération des villes du Rhin et de la Hesse. Cette vénérable cité n'est pas seulement une citadelle du carnaval mais aussi et surtout le centre allemand du commerce du vin, une ville célèbre pour ses vins mousseux et le siège d'une université. A Spire (cathédrale célèbre du 11e siècle) se trouve le seul musée du vin existant en Allemagne. Cette ville a vu se réunir cinquante diètes d'Empire (c'est là que fut décidée en 1526 la remise de l'application de l'Edit de Worms); de 1527 à 1687 c'était en outre le siège de la Cour suprême de justice. Située au confluent de la Moselle et du Rhin, Coblence remonte à l'époque romaine; elle a été fondée en l'an 9 après J. C. Trèves (basilique, thermes, amphithéâtre, Porta Nigra) fut résidence impériale du 3e au 5e siècles.

On pourrait presque appeler Idar-Oberstein la ville la plus «précieuse» d'Allemagne. En effet, la plupart des habitants pratiquent la taille des pierres précieuses et de l'agate et vivent de la joaillerie et de l'orfèvrerie. Bad Kreuznach, station thermale célèbre, possède un centre de recherche et d'apprentissage pour la viticulture et l'arboriculture. Ses thermes (36 degrés centigrades) font de Bad Neuenahr une station très recherchée des personnes souffrant de diabète, de goutte et de troubles de la vésicule biliaire. A l'extrémité nord-ouest du pays, dans l'Eifel, se déroulent chaque année depuis 1927 des courses automobiles célèbres sur le circuit du Nürburgring (28,3 km).

Bad Ems, station thermale située sur la Lahn à quelques kilomètres de son confluent avec le Rhin, a joué — sans le vouloir — un grand rôle historique. En 1870, Bismarck avait publié une forme abrégée d'un télégramme que Guillaume Ier de Prusse avait expédié de Bad Ems. Par ce télégramme, Guillaume Ier refusait de reconnaître les prétentions de la France au trône d'Espagne. La publication incomplète modifiait le sens du télégramme et la France déclara la guerre. L'affaire est entrée dans l'histoire sous le nom de «Dépêche d'Ems». Une petite vallée tranquille de la région de la Moselle cache un vestige du Moyen-Age, le château d'Eltz.

Pendant la nuit du nouvel an 1813—1814, Blücher passa le Rhin près de Kaub, là où, sur une petite île, s'élève «die Pfalz». Un peu plus loin en aval, près de St-Goar, le rocher de la Loreley, principale attraction touristique d'Allemagne. Pas un bateau de touristes ne passe l'endroit sans qu'on joue et qu'on chante le Lied célèbre de Heinrich Heine: «Ich weiss nicht, was soll es bedeuten...»

En fait, une bouteille de bon vin que l'on déguste à loisir peut nous transmettre une impression beaucoup plus profonde de ce magnifique paysage...

La Sarre

PAGES 198–201

Rattachée à la République Fédérale d'Allemagne le 1er janvier 1957, la Sarre constitute le dixième Land de la Fédération. L'importance industrielle de cette région en a fait pendant plusieurs décennies un objet de litige entre la France et l'Allemagne. Une clause du traité de Versailles la plaça en 1920 – pour une durée de 15 ans – sous l'administration de la Société des Nations. Les mines de charbon étaient administrées et exploitées par la France. Lors du plébiscite de 1935, une majorité écrasante (90,5 pour cent) s'est prononcée pour le retour à l'Allemagne.
Après la Seconde Guerre Mondiale, la Sarre devint – sur décret du gouvernement militaire français – une unité administrative autonome ayant ses propres frontières. Cette mesure visait naturellement à donner à la France une possibilité de travailler facilement la minette de Lorraine. On signa en 1948 une union douanière et monétaire avec la France et, deux ans plus tard, un traité assurait à la France l'exploitation du bassin houiller. En 1955, la population a refusé par une majorité des deux tiers de reconnaître cet arrangement. En 1957, la Sarre retournait à l'Allemagne. Il a fallu cependant attendre encore deux ans avant que la Sarre puisse être complètement rattachée à l'Allemagne du point de vue économique.
L'influence française prolongée fut très positive dans certains domaines. La population a adopté nombre d'habitudes françaises, entre autres celle de la bonne cuisine. Contrairement à son homologue de la Ruhr, le mineur sarrois a souvent conservé son attachement à la terre et à la vie à la campagne. Il cultive son petit bout de champ et exploite sa petite ferme. Il a donc gardé ainsi une certaine indépendance et, fait important pour le paysan, il dispose de suffisamment d'argent.
Les principales activités industrielles de la Sarre sont l'exploitation du bassin houiller, la métallurgie lourde, la verrerie, la céramique, l'industrie du bois et du papier. Environ un tiers du pays est couvert de forêts, notamment de forêts de hêtres. Cet arbre pourrait servir d'emblème à la Sarre. Sarrebruck est la capitale et le principal centre culturel. Centre commercial et nœud routier et ferroviaire, la ville possède encore une station de radio et télévision, de nombreuses usines (industrie du fer, du bois, du papier, industries textiles) et organise chaque année une grande Foire-Exposition où l'on peut se faire une idée des différentes activités du pays. Völklingen, un des principaux centres métallurgiques et industriels, possède des centrales électriques et une cokerie importante. Mettlach était jadis une abbaye; c'est aujourd'hui un centre important de l'industrie de la céramique. Les ouvriers se sont peu à peu installés autour de l'abbaye. Dillingen vit de l'industrie lourde. A Siersburg, ville dominée par des ruines pittoresques, on travaille l'acier.
Malgré cette concentration industrielle, il est difficile de comparer la Sarre à d'autres régions industrielles. En effet, le Sarrois est resté lié à la nature. Et, fait paradoxal, on est presque tenté de recommander la Sarre comme lieu de villégiature. Ceux qui s'y rendent ne sont jamais déçus.

Rhénanie du Nord-Westphalie

PAGES 202—231

L'héraldiste connaît l'origine de ce Land dès qu'il en voit le blason: dans le champ gauche, le Rhin; dans le champ droit, le cheval, emblème de la Westphalie; en bas, la rose de la Lippe. Le Land comprend certaines parties de l'ancienne province prussienne du Rhin, la Westphalie et la Lippe. La région de la Ruhr, la plus grande et la plus importante zone industrielle d'Allemagne, est limitée au nord-est par le Teutoburger Wald, au sud par le Siebengebirge, au sud-est par le Sauerland et le Rothaargebirge, au sud-ouest par l'Eifel et à l'ouest par le Hohe Venn.

Dans cette mer de maisons, de hauts-fourneaux, de puits de mines et d'usines, seuls les panneaux indiquant le nom des localités permettent à l'étranger à la région de savoir où commencent et où finissent Oberhausen ou Dortmund, Essen, Wuppertal ou Mülheim, Gelsenkirchen ou Duisburg. Il serait toutefois faux de croire que la Ruhr est purement industrielle. Le Gruga-Park à Essen, immense parc et jardin botanique, ferait honneur à une station thermale élégante. Les alentours du lac Baldeney font oublier la proximité des usines et hauts-fourneaux. L'élégance est chose naturelle sur les promenades des bords du Rhin et la Königsallee de Düsseldorf.

Lage, Lemgo et Detmold sont des centres d'ébénisterie. Aix-la-Chapelle fabrique de belles toiles et du chocolat. Düsseldorf possède des industries métallurgiques, des industries alimentaires et joue un rôle de premier plan dans la production des lessives. Au nord, sur le canal reliant Dortmund à l'Ems, Münster, ville historique. C'est là que fut signé en 1648 le traité de Westphalie, paix mettant fin à la Guerre de Trente Ans.

A Warendorf sur l'Ems se trouve le haras de Westphalie et le comité olympique d'équitation. Bünde est considérée comme la ville des cigares.

Le Land voisine avec la Belgique à l'ouest et la Hollande au nord-ouest. Les dialectes identiques de part et d'autre de la frontière font oublier l'existence de cette dernière. Les vastes plaines du cours inférieur du Rhin avec leurs maisons typiques près de Xanten (cathédrale gothique, 13e—16e siècles, amphithéâtre romain), de Clèves ou de Wesel manifestent un caractère bien différent de celui du paysage romantique que traverse le Rhin au Drachenfels.

Dans aucun autre Land, activité intense et contemplation ne se côtoient comme ici. Châteaux se mirant dans le fleuve, fermes immenses dont les habitations font penser à des demeures seigneuriales aménagées sur leurs terres, moulins à vent, enclos pour les chevaux, herbages; les vallées de la Lippe et de la Ruhr, de la Sieg et de l'Ems, constituent une interruption agréable dans un paysage où dominent les bâtiments d'extraction et les usines des villes de cette région si industrieuse. Deux mondes se côtoient qui doivent s'accorder.

Bières de Dortmund, eaux-de-vie (Schnaps), jambon de Westphalie, saucisson excellent, sont autant de spécialités jouissant d'une renommée mondiale au même titre que la coutellerie de Solingen, l'Eau de Cologne, l'acier d'Essen ou les cravates de Krefeld. D'une part le progrès industriel presque effrayant de vitesse; de l'autre, le caractère «typiquement westphalien» des paysans attachés aux traditions.

La Basse-Saxe

PAGES 232—251

Limitée au sud par la Hesse et la Rhénanie du Nord-Westphalie et à l'ouest par la Hollande, la Basse-Saxe comprend également la Frise Orientale et s'étend jusqu'à l'Elbe, Hambourg et le Schleswig-Holstein. Autrement dit, elle se compose de l'ancienne province de Hanovre, de l'Oldenbourg, du Brunswick et de l'ancienne principauté de Schaumbourg-Lippe. Etant donné l'étendue de ce Land, il va sans dire qu'il manifeste des caractères variés: tandis que les maisons à colombages dominent dans la partie sud, on trouve dans la région de Cloppenburg les constructions «typiques de la Basse-Saxe» dont le pignon est orné de deux têtes de cheval croisées; la Frise Orientale est caractérisée entre autres par ses chaumières le long de la côte et par ses maisons en brique à l'intérieur du pays.

Le paysage de la Basse-Saxe manifeste une très grande diversité: le Harz dont les hauteurs boisées descendent, abruptes, vers le nord et l'ouest; les landes du Lunebourg où fleurit la bruyère, où pousse le genévrier et où paissent les troupeaux de moutons; la zone côtière fertile de la Frise Orientale avec ses fermes imposantes où hommes et bêtes vivent sous le même toit; de grands ports tels que Emden, Wilhelmshaven et Cuxhaven et des ports de pêche dont Karolinensiel, Bensersiel, Neuharlingersiel; les îles de la Frise Orientale (Borkum, Juist, Norderney, Baltrum, Langeoog, Spiekeroog, Wangerooge) sont très recherchées des touristes en été et même parfois en hiver; quant à la région de l'Ems, elle est caractérisée par les derricks servant à l'extraction du pétrole.

Les vergers de l'«Altes Land» (rive gauche de l'estuaire de l'Elbe) sont au printemps un but d'excursion pour ceux qui aiment admirer les arbres en fleurs. Wolfsburg produit la célèbre Volkswagen. Cette ville a poussé comme un champignon autour de l'usine. Hanovre n'est pas seulement la capitale de la Basse-Saxe; elle compte aussi au nombre des grandes cités industrielles d'Allemagne: industrie du caoutchouc, produits alimentaires, constructions mécaniques, industries chimiques. C'est en outre le siège de l'une des plus grandes foires industrielles d'Europe.

Célèbre pour l'élevage des chevaux et pour ses concours hippiques, Verden sur Aller possède un musée hippique. Parmi plusieurs édifices intéressants, relevons notamment la cathédrale (11ᵉ—15ᵉ siècles). La collection de vestiges de l'âge de pierre mérite d'attirer l'attention. Ancienne ville hanséatique, Brunswick était un grand centre de transactions aménagé sur une voie commerciale allant d'ouest en est. Une centaine de belles maisons à colombages du 15ᵉ au 18ᵉ siècles, la cathédrale où repose Henri le Lion et le magnifique hôtel de ville sont autant de témoins d'une époque de grande prospérité.

Goslar (palais impérial, constructions gothiques et baroques), Hildesheim (cathédrale romane, environ 200 maisons à colombages) ou Hameln (célèbre pour la légende du preneur de rats mais intéressante pour ses édifices anciens, son industrie de produits alimentaires et ses minoteries) sont des lieux historiques fidèles à la tradition; ceci constitue d'ailleurs l'un des traits marquants de la Basse-Saxe. Le Hanovre devint électorat en 1692; de 1714 à 1837, union avec l'Angleterre; royaume de 1814 à 1866, cette région fut ensuite province prussienne.

Agriculture et élevage, navigation et pêche, ces ressources sont complétées aujourd'hui par l'exploitation de richesses naturelles: potasse, sel, lignite, minerai de fer et pétrole. Tout cela a naturellement entraîné une industrie variée.

Brême

PAGES 252–255

De par son étendue (environ 405 kilomètres carrés) et le nombre de ses habitants, Brême est de loin le plus petit Land de République Fédérale d'Allemagne. Un petit pays qui joue un rôle important. Très ancienne, la ville jouit naturellement d'un passé historique très riche. Devenue siège épiscopal en 787, elle fut déclarée archevêché en 845. Elle se vit accorder 120 ans plus tard le droit de tenir marché et compte au nombre des villes hanséatiques depuis 1258. A l'origine union commerciale, la hanse s'est transformée en une confédération de villes qui, à son apogée, comptait 90 villes de la côte et de l'intérieur.
Brême a été déclarée ville libre en 1646. C'est de là qu'est partie la vague de conversion qui s'est étendue sur tout le nord de l'Allemagne. La prospérité due à l'activité marchande a permis de créer des biens culturels qui ont bravé les siècles; c'est notamment le cas de l'hôtel de ville à la magnifique façade renaissance. Sur la place, Roland, géant de pierre, semble monter la garde. Brême est non seulement le deuxième port maritime d'Allemagne mais encore un grand port fluvial. Une partie importante du trafic commercial s'effectue donc dans cette ville. C'est là que se trouve la bourse du coton. Le tabac venant d'outremer n'est pas seulement transbordé à Brême; une grande partie est travaillée sur place dans les manufactures de cigares et cigarettes. De même pour le café qui est importé vert et partiellement torréfié en ville. La majeure partie du thé consommé en Allemagne arrive au port de Brême. (Notons en passant que le thé est pour ainsi dire la boisson nationale des habitants de la Frise Orientale.) Usines de cardage, filatures, constructions mécaniques, argenterie, constructions navales, grands importateurs de vins, nombreuses entreprises commerciales et entrepôts immenses contribuent à l'activité économique de la ville. Un institut de navigation maritime et une école de navigation se consacrent à la recherche dans ce domaine et à la formation de nouvelles générations de marins, fait d'importance capitale pour cette ville. Beaucoup de produits d'importation – dont le bois – quittent Brême par voie d'eau après avoir été travaillés dans les usines et ateliers de la ville. Brême exporte également, cela va sans dire, nombre de produits fabriqués dans tout le pays.

A l'extrémité de l'estuaire, sur la Mer du Nord, se trouve Bremerhaven, l'avant-port de Brême. Grand port de pêche, c'est aussi le premier port de voyageurs d'Allemagne. Nombre de transatlantiques ne pouvant aller jusqu'à Brême jettent l'ancre à Bremerhaven, notamment au quai Christophe Colomb. Une excursion sur le port de pêche constituera pour le visiteur un souvenir inoubliable. Immenses halles où le poisson frais est vendu aux enchères, grosses maisons de commerce, conserveries et installations de broyage des déchets où sont fabriquées des farines destinées à la nourriture des animaux. Une grande fête marque chaque année le début de la pêche au hareng. Bremerhaven est une ville portuaire typique: on y trouve un grand nombre d'estaminets fréquentés par les marins, et tous ces établissements font bien leurs affaires. Nombreuses sont aussi les «filles du port». A la table d'habitués, chez l'épicier ou dans la salle d'attente du médecin, la conversation tourne toujours plus ou moins autour des mêmes sujets: les bateaux qui viennent d'arriver, ce qu'ils ont chargé, comment était la pêche, la date de départ du prochain voyage. Autant de faits de la vie courante, la vie de cette ville si étroitement liée à la mer.

66

Hambourg

PAGES 256—259

C'est à la fois la plus grande ville et un tout petit Land de la République Fédérale d'Allemagne: Hambourg, ville libre et ville hanséatique. Bien que située à plus de 100 kilomètres de la Mer du Nord, c'est le premier port maritime et fluvial d'Allemagne. D'immenses colosses flottent jusqu'au centre de la ville. Le port franc, partie du port soustraite au contrôle du Service des douanes, couvre à lui seul la superficie d'une petite ville; là, toutes les marchandises sont importées et exportées librement.

Hambourg remonte vraisemblablement à une ancienne forteresse, la Hammaburg. La ville devint évêché en 831 puis archevêché en 834. On signa en 1231 avec Lübeck une entente commerciale qui est à l'origine de la hanse. Hambourg est ville libre depuis 1815; le rattachement de différentes communes environnantes a donné naissance en 1937 au «grand Hambourg». En 1914, cette ville possédait la plus grande société d'armateurs du monde, la HAPAG. De nombreuses compagnies maritimes assurent un service régulier entre l'Europe et les autres continents. C'est donc à juste titre qu'on appelle Hambourg «la porte vers le monde». D'immenses entreprises industrielles occupent des centaines de milliers de personnes: grands chantiers maritimes (Stülcken, Blohm et Voss), conserveries de poisson, huileries, fabriques de margarine, fabriques de cacao, usines de produits chimiques, fabriques de caoutchouc, ateliers de constructions mécaniques, grandes minoteries, manufactures de cigarettes, industries alimentaires, etc. En somme, à Hambourg, on trouve autant dire tout.
Hambourg possède aussi le plus grand centre de distractions d'Europe, la — parfois trop célèbre — Reeperbahn. Destiné à l'origine à l'amusement des marins, St-Paul (c'est le nom du quartier) est maintenant une attraction touristique monstre.

Une excursion nocturne en bateau entre le débarcadère de St-Pauli et Finkenwerder, aller et retour, est un souvenir inoubliable accessible à toutes les bourses. On rencontre sans arrêt paquebots et cargos d'origines les plus diverses, tout illuminés comme pour une fête. Une telle excursion, au milieu du trafic intense et du bruit des remorqueurs et des sirènes de bateaux donne une impression vraie de la vie de cette métropole. Le dimanche, le touriste devrait s'installer dans un café d'Altona ou de Blankenese ou, un peu plus en aval, au «Willkommhöft». C'est là que l'on vient accueillir les bateaux ou prendre congé de ceux qui quittent le port. Et l'habitant de l'intérieur a l'occasion de se renseigner sur les activités maritimes; il apprend ce que les bateaux ont chargé, d'où ils viennent et où ils vont. Le soir, le touriste s'étonnera du calme qui règne en ville même, le quartier de la gare mis à part; nombre d'établissements restent même fermés pendant le week-end. Hambourg est une ville très laborieuse. Le soir venu, des centaines de milliers de personnes regagnent leur petite maison de banlieue ou leur appartement dans l'une des cités-jardins. Une vue d'avion procure évidemment une impression d'ensemble idéale: les établissements commerciaux et les entrepôts immenses, les différents bassins du port et l'Elbe, le port pétrolier et les canaux, l'Alster et les faubourgs dans la verdure — la ville toute entière apparaît dans toute sa grandeur et dans toute sa beauté. Cependant, il ne faut pas manquer de faire une excursion en bateau dans le port.

Le Schleswig-Holstein

PAGES 260—275

Du point de vue géographique, ce Land — le plus septentrionale de la République Fédérale d'Allemagne — ressemble à un pont jeté entre le continent proprement dit et la Scandinavie: limité par la Mer du Nord à l'ouest et par la Mer Baltique à l'est, il voisine au nord avec le Danemark. Comparable à une tête de pont, la partie méridionale est comme ancrée à la Basse-Saxe et à Hambourg. Le trait d'union séparant les deux noms pourrait faire croire qu'il s'agit là d'une fusion récente comme pour le Land de Rhénanie du Nord-Westphalie, de Bade-Wurtemberg ou encore de Rhénanie-Palatinat.
Ce serait une erreur grave. En effet, le duché de Schleswig et celui de Holstein se sont réunis dès 1386. La zone de collines de l'est est partiellement couverte de forêts; le sol convient à l'agriculture et à l'élevage. Les calanques de la côte constituent d'excellents ports naturels dont les principaux sont Flensburg, Schleswig, Eckernförde, Kiel et Lübeck, ports de commerce, de voyageurs et ports de pêche. Ces villes possèdent en outre chantiers maritimes, conserveries de poisson et industries de transformation travaillant les produits bruts importés.
Les plaines limoneuses de l'ouest s'adaptent particulièrement à l'élevage des bêtes de boucherie. Le long de la côte, dans le Wattenmeer, les îles de la Frise septentrionale: Sylt, Föhr, Amrum, Langeness, les Halligen (Hooge, Pellworm). L'été venu, ces îles sont littéralement envahies par les touristes qui se logent jusque dans les moindres recoins. Le pays est traversé par une voie d'eau de grande importance, le canal de la Mer du Nord à la Mer Baltique; partant de Holtenau (près de Kiel), il passe à Rendsburg et se termine à Brunsbüttelkoog, sur l'estuaire de l'Elbe. Long de 99 kilomètres, sa largeur atteint environ 100 mètres. La voie ferrée traverse le canal près de Rendsburg sur un viaduc long de 7 kilomètres et haut de 42 mètres. La route, elle, emprunte un tunnel récemment construit sous le canal.
La cathédrale gothique (1268—1711) de Schleswig, port de pêche aménagé sur la Schlei, possède entre autres œuvres d'art un retable magnifique, le célèbre «Bordesholmer Altar» de Hans Brüggemann. De toute beauté, la région située entre Kiel et Lübeck est appelée «Suisse du Holstein»; c'est une zone de collines parsemée de nombreux lacs. C'est la région de Plön, Malente et Eutin. Heide faisait jadis partie de la «République paysanne autonome» de Dithmarschen. C'est aujourd'hui le siège d'une immense raffinerie de pétrole. Husum, la «ville grise au bord de la mer», a vu naître Theodor Storm. Travemünde, Westerland et Kampen sont des stations balnéaires mondaines très recherchées. Quant aux nombreuses petites stations, elles sont tout aussi attrayantes et beaucoup moins chères. Kiel organise chaque année la «Kieler Woche», semaine de régates jouissant d'une célébrité mondiale. La pâte d'amandes (Marzipan) de Lübeck, les sprats fumés de Kiel, les anguilles, le rhum et autres eaux-de-vie de Flensburg ne constituent que quelques spécialités de cette côte où, dans chaque petite localité, on peut déguster d'excellents plats de poisson.
Le Schleswig-Holstein offre au photographe les motifs les plus variés: bateaux de pêche rentrant au port, maisons basses typiques, costumes folkloriques de Wyk sur l'île de Föhr, château de Glücksburg, édifices baroques en brique à Lübeck, fermes imposantes, vieilles églises fortifiées, moulins à vent rongés par le temps, troupeaux de bovins noir et blanc (race de la région), etc. etc.

Et surtout, cette région invite au repos et à la détente.

Berlin

PAGES 276—279

Ancienne capitale du Reich et siège gouvernemental pendant plusieurs décennies, Berlin a acquis durant cette période une renommée mondiale. L'enfer qui s'abattit sur la ville au cours des dernières semaines de la Deuxième guerre mondiale a réduit en cendres la majorité de ce qui avait constitué la grandeur de cette métropole. La tempête apaisée, plus de trois millions étaient encore là, désireux de vivre en paix et de goûter plaisirs et divertissements.
En juin 1945, les vainqueurs ont divisé Berlin en quatre secteurs d'occupation. Désormais, la ville était placée sous le contrôle exclusif des quatre puissances. Les quatre «Commandants» aménagèrent un «Commandement interallié» chargé de l'administration et transmirent une grande partie des tâches administratives au «Magistrat» allemand. Berlin — une unité. Malheureusement, des dissensions se manifestèrent vite entre les Alliés et cette unité fut de courte durée.

En juin 1948 (réforme monétaire) on assista à une scission dans la vie politique et l'administration de la ville; d'où le Blocus de Berlin. Les principales voies d'accès restèrent fermées jusqu'en mai 1949. Tout ce qui était indispensable à la vie de cette ville dut être transporté par avion, d'où le nom de Pont aérien allié qui a été donné à cette entreprise. Ce blocus avait pour but d'obliger les puissances occidentales à abandonner leurs secteurs. Berlin-Est fut rattaché à la R.D.A. lors de la création de cette dernière en 1949. De son côté, Berlin-Ouest se vit rattacher — en ce qui concerne législation, économie et finances — à la R.F.A. Dès lors, cette partie de la ville connut un essor économique rapide.
Puis vint le 13 août 1961 et l'aménagement du «Mur». La division de Berlin était désormais parfaite. Il faudra attendre les Accords de Berlin (3 septembre 1971) pour voir diminuer l'isolement, ces accords permettant aux habitants de Berlin-Ouest de se rendre de nouveau dans l'est de la ville et en R.D.A.
Deux blocs où règne un ordre social très différent veulent se documenter dans cette ville. Absolument intégré au système économique et financier de la République Fédérale, Berlin-Ouest ne souffre pas de cet état de choses. D'autre part, sur le plan juridique, son unité avec le gouvernement de Bonn est assurée. Tous ces liens sont garantis par les accords interalliés de 1971. Ces derniers garantissent en outre le libre accès de Berlin par trois corridors aériens, huit voies ferrées, cinq routes et deux voies navigables.
L'observateur neutre doit reconnaître de bonne foi que les deux parties ont fait d'immenses efforts. Beaucoup de choses ont été réalisées — d'autres restent à améliorer. Sur le plan économique et culturel, les performances atteintes par cette ville — de part et d'autre du «Mur» — sont considérables.
L'humour, la répartie facile et le manière de vivre ayant toujours caractérisé les Berlinois ont persisté des deux côtés. Sans doute ces traits de caractère ont-ils aidé les habitants à surmonter pendant de longues années les difficultés entraînées par leur situation entre les deux blocs.

Verzeichnis der Bilder *Index of Pictures — Index des photographies*

Dieser Band erschien vorher unter dem Titel: „Deutschland zwischen Rhein und Elbe“.

Die Luftaufnahmen wurden freigegeben: Seite 82 Nr. G 30/7097; Seite 84 Nr. G 4/2; Seite 94 Nr. G 4/182; Seite 98 Nr. 4/18997; Seite 102 Nr. G 4/2624; Seite 106 Nr. G 4/18432; Seite 114 Nr. G 4/1017; Seite 120 Nr. G 4/18550; Seite 122 Nr. G 4/18545; Seite 124 Nr. G 4/8314 Reg. v. Oberbayern. – Seite 138 Nr. 2/16644; Seite 144 Nr. 2/16096; Seite 154 Nr. 2/23604; Seite 156 Nr. 2/2829; Seite 160 Nr. 2/96517; Seite 162 Nr. 47/42; Seite 174 Nr. 2/21892; Seite 182 Nr. 2/2189; Seite 190 Nr. 2/23462 Innenministerium Baden-Württemberg. – Seite 192 Nr. Cr 3751/61; Seite 206 Nr. 27 Fl 58; Seite 212 Nr. 863/64; Seite 226 Nr. 5372; Seite 230 Nr. 1151/64 Reg. Präs. Münster. – Seite 214 Nr. 19/76/8180 Reg.-Präs. Düsseldorf. – Seite 260 unter SH 604; Seite 266 unter SH 546.

 – Verlags-Nr. 1175. – Auflage 51000 Exemplare. – Erich Pfeiffer-München besorgte die typographische Gestaltung und zeichnete die Karte. Beatrice H. Michaelis übernahm die englische und Jacqueline von Mengden die französische Übersetzung. Bei der Beschaffung der Aufnahmen waren u. a. der Bavaria-Verlag und die Bildagentur Kinkelin behilflich. Gedruckt auf Phönogrand-Kunstdruckpapier der Papierfabrik Scheufelen. – Satz, Druck und Einband R. Oldenbourg GmbH, Graphische Betriebe, München.
Printed in Germany – Imprimé en Allemagne

ISBN-3-7972-0000-5

Deutschlands höchster Gipfel, die Zugspitze (2966 m) über dem Eibsee

Zugspitze (9,731 ft), rising above Eibsee, is the highest peak in Germany

Le plus haut sommet d'Allemagne, la Zugspitze (2966 m) surplombe l'Eibsee

Im Olympia-Stadion von Garmisch-Partenkirchen, dem führenden deutschen Wintersportplatz

In the Olympic Stadium at Garmisch-Partenkirchen, the leading German winter-sports centre

Au stade olympique de Garmisch-Partenkirchen, grand centre de sports d'hiver

Die Alpspitze: eine der markantesten Gestalten der deutschen Alpenwelt! Wuchtig und doch wohlgeformt wächst sie aus dem Werdenfelser Land empor, 2620 m hoch

Alpspitze: one of the most striking formations of the German alpine region! Massive and yet well-shaped, it soars up from the Werdenfels Land to 8,616 ft

L'Alpspitze (2620 m), un des sommets les plus caractéristiques des Alpes de Bavière. Massive et pourtant élégante, elle s'élève au-dessus du Werdenfelser Land

Kreuzjochhaus
Standard-Abfahrt
Damen-Abfahrt
Kreuzalm
KREUZJOCHHAUS
NATURFREUNDEHAUS

Zwei Schlösser des „Märchenkönigs" Ludwig II.: Neuschwanstein und Linderhof (rechts). Touristenattraktion Nummer 1 in Oberbayern

Two castles of the "Fairy-Tale King", Ludwig II: Neuschwanstein and Linderhof (right). Upper Bavaria's tourist attraction No. 1

Deux des châteaux de Louis II, le «roi de conte de fées»: Neuschwanstein et Linderhof (à droite) est l'attraction touristique numéro un de la Haute-Bavière

Die Erdefunkstelle in Raisting (Oberbayern) stellt interkontinentale Nachrichtenverbindungen über Satelliten her, die 36000 km von der Erde entfernt im Weltraum schweben

The ground signal station at Raisting (Upper Bavaria) establishes intercontinental signal communications via satellites which hang in space 22,356 miles away from the earth

Les installations de Raisting (Haute-Bavière) permettent la réception d'émissions transmises par des satellites éloignés de quelque 36000 kilomètres de la terre

Lebensbejahende Frömmigkeit ließ die Krone südbayerischen Barocks entstehen, die berühmte Wallfahrtskirche „Die Wies" der Brüder Zimmermann, 1746–1757 erbaut

"Die Wies", the far-famed church of pilgrimage built by the Zimmermann brothers between 1746 and 1757 and culmination of South-Bavarian baroque art, arose from joy in pious expression

Une piété profonde est à l'origine de la plus belle œuvre baroque du sud de la Bavière, la célèbre église de pèlerinage, «Die Wies», construite par les frères Zimmermann de 1746 à 1757

Das schroffe Massiv des Karwendelgebirges mit Erhebungen bis über 2500 Meter bei Wallgau und Krün im jungen Isartal

Up in the valley of the young Isar, near Wallgau and Krün, the rugged massif of the Karwendel Range, with peaks rising above 8,200 ft

La massif escarpé du Karwendel dont les sommets atteignent jusqu'à 2500 m près de Wallgau et Krün dans la vallée supérieure de l'Isar

Die Benediktinerabtei Ettal, gegründet von Kaiser Ludwig dem Bayern (1330); aus dem gotischen Urbau wurde ein barockes Juwel

The famous Benedictine Abbey at Ettal, founded by the Emperor Ludwig the Bavarian in 1330; out of the original Gothic building, a gem of Baroque style has materialised

Ettal, célèbre abbaye bénédictine fondée en 1330 par l'empereur Louis le Bavarois; de l'édifice gothique d'origine est né un joyau de l'art baroque

München. Das Olympia-Stadion, mit dem größten und teuersten Dach der Welt, aus 800 m Höhe aufgenommen

Munich. The Olympic Stadium with the largest and most expensive roof in the world; an aerial photograph taken from a height of 2,640 ft

Munich. Le Stade Olympique. La toiture est à la fois la plus grande et la plus chère qui soit

München – die Hauptstadt Bayerns.
Eine glückliche Verbindung vielfältigen bayrischen Wesens
mit dem heiteren Geist des Südens.
Marienplatz, Frauenkirche,
Rathaus

Munich – the capital of Bavaria.
A happy combination of the
diverse Bavarian character with
the gaiety of the South.
Marienplatz, Cathedral of
Our Lady, Town Hall

Munich – capitale de la Bavière. Combinaison heureuse entre le caractère bavarois
si varié et l'esprit enjoué du sud.
La Marienplatz, cathédrale
Notre-Dame, l'hôtel de ville

Wasserburg am Inn, typisches und guterhaltenes Innstädtchen, einst Umschlagplatz an der Salzstraße

Wilparting am Irschenberg (rechts), ein bekanntes Ziel frommer Wallfahrer

Wasserburg on the Inn, a well-preserved little town typical of the valley, was once a salt-trading centre

The little chapel near Wilparting on Irschenberg, is a place well known to pious pilgrims (right)

Wasserburg sur l'Inn, petite ville typique ayant conservé son caractère; autrefois, ville marchande sur la route du sel

Wilparting sur l'Irschenberg, lieu de pèlerinage bien connu des fidèles (à droite)

Bekannte Ferienziele in Oberbayern: Schliersee und Rottach-Egern am Tegernsee (rechts). Hier lebten Ludwig Thoma und Ludwig Ganghofer

Well-known holiday centres in Upper Bavaria: Schliersee and Rottach-Egern on Tegernsee Lake (right), where Ludwig Thoma and Ludwig Ganghofer lived

Lieux de séjour très connus: Schliersee et Rottach-Egern au bord du Tegernsee (à droite). Ludwig Thoma et Ludwig Ganghofer ont vécu là

Das Aufstellen von Maibäumen und der „Bandltanz“ gehören ebenso wie das Tragen der Tracht bei festlichen Anlässen zum beständigen Brauchtum in Oberbayern

Customs in regular practice in Upper Bavaria are the erection of May poles and the Ribbon Dance as well as the wearing of the traditional local costume on festal occasions

La mise en place du mai et la «Bandltanz» sont des coutumes aussi profondément ancrées que le port du costume régional dans des occasions particulières

Blick von der Deutschen Alpenstraße bei Ramsau auf die Reiteralpe

View from the German Alpine Highway near Ramsau towards Reiteralpe

La Reiteralpe vue de la «Route des Alpes» près de Ramsau

Bad Reichenhall, bayerisches Staatsbad, weltberühmt durch seine Sole, im weiten Tal der Saalach am Fuße des Predigtstuhl

Reichenhall, a spa owned by the State of Bavaria and renowned for its salt-water springs, lies in the wide valley of the Saalach at the foot of Predigtstuhl

Bad Reichenhall, station thermale propriété de l'Etat bavarois située dans la vallée de la Saalach, au pied du Predigtstuhl, est célèbre pour ses salines

Berchtesgaden, umgeben von gewaltigen Bergriesen, überragt vom 2714 m hohen Watzmann

Berchtesgaden, surrounded by tall and massive mountains, is dominated by the 9,900 ft high Watzmann

Berchtesgaden est entourée de sommets dont le plus élevé est le Watzmann (2714 m)

St. Bartholomä am Königssee und die berühmte Watzmann-Ostwand, bei einer Höhe von 1800 m die höchste Wand der Ostalpen

St. Bartholomä on Königssee, and the notorious Watzmann East Wall; with a rise of 5,906 ft it is the sheerest rock face in the Eastern Alps

St-Bartholomé au bord du Königssee et le célèbre versant est du Watzmann; haute de 1800 mètres, cette paroi rocheuse est la plus importante des Alpes Orientales

Klettern im Fels: Abseilen am Steinberg in der Hochkaltergruppe

Rock-climbing: roping down the Steinberg in the Hochkalter Group

Haute école de varappe: descente en rappel au Steinberg (groupe des Hochkalter)

Zu den besterhaltenen altbayerischen Städtegründungen zählt die ehem. Römersiedlung Straubing

Straubing, a Roman settlement even, must be counted among the best-preserved of the old Bavarian towns

Straubing, ancienne cité romaine, compte parmi les vieilles villes les mieux conservées de Bavière

Im Bayerischen Wald bei Schönberg (rechts)

In the Bavarian Forest near Schönberg (right)

Dans la Forêt de Bavière près de Schönberg (à droite)

Deutschlands größte historische Festveranstaltung, die „Fürstenhochzeit 1475“ im mittelalterlichen Landshut

Passau: Noch auf die Kelten läßt sich die Gründung der ehrwürdigen Bischofsstadt zurückführen, die sich über den Zusammenfluß von Donau, Inn und Ilz erhebt, gekrönt von den Vesten Ober- und Niederhaus

The greatest pageant in Germany, the "Duke's Wedding, 1475" is held in medieval Landshut

Its history began with the Celts— this venerable seat of bishops— Passau, rising above the confluence of the Danube, the Inn, and the Ilz and crowned by the Fortresses of Ober- and Niederhaus

La plus grande manifestation folkorique d'Allemagne, le mariage princier de 1475 à Landshut, ville ayant conservé nombre de vestiges du Moyen-Age

La fondation de la vénérable ville épiscopale de Passau remonte à l'époque des Celtes. Cette ville s'élève au confluent de trois cours d'eau, le Danube, l'Ill et l'Ilz, et est couronnée par les forteresses Oberhaus et Niederhaus

Das fast 2000jährige Regensburg an der Donau mit seinem überragenden gotischen Dom (Beginn 1250)

Almost 2,000 years old, Ratisbon (Regensburg) on the Danube, with its soaring Gothic Cathedral begun in 1250

Ratisbonne, ville construite sur le Danube il y a près de deux mille ans, possède une magnifique cathédrale gothique commencée en 1250

Dem Genius großer Deutscher wurde die Walhalla bei Donaustauf von Ludwig I. gewidmet (1830–41)

Ludwig I dedicated the Valhalla edifice, erected near Donaustauf between 1830 and 1841, as a memorial to Germany's men of genius

Louis Ier de Bavière a consacré la Walhalla, construite près de Donaustauf de 1830 à 1841, au génie des grands Allemands

Rathausturm und St. Michael in der alten Industriestadt Hof, deren alter Stadtkern 1823 in Flammen aufging

The Tower of the Town Hall and St. Michael's at the old industrial town of Hof, whose old centre was laid in ashes in 1823

Tour de l'hôtel de ville et église St-Michel à Hof, vieille ville industrielle dont le centre fut la proie des flammes en 1823

Die originelle Wallfahrtskirche Kappel in der Oberpfalz, erbaut von Georg Dientzenhofer

The original Church of Pilgrimage Kappel in the Upper Palatinate, which was built by Georg Dientzenhofer

Cete originale église de pèlerinage nommée Kappel et située dans le Haut Palatinat et fut construite par Georg Dientzenhofer

Das seit 1034 bezeugte Amberg war im 17. Jahrhundert zeitweilig kurpfälzische Residenz

Documents first mentioned Amberg in 1034. For some time in the 17th cent. the Electoral Residence was here

Amberg, dont l'existence remonte à 1034, fut au XVIIe siècle résidence provisoire des Électeurs palatins

Kallmünz, am Zusammenfluß von Vils und Naab. Die Burg, seit dem 13. Jh. wittelsbachisch, wurde 1641 zerstört

Kallmünz at the confluence of the Vils and the Naab. The castle, owned by the Wittelbachs since the 13th cent., was ruined in 1641

Kallmünz, localité située au confluent de la Vils et de la Naab. La forteresse, propriété des Wittelsbach depuis le XIIIe siècle, a été détruite en 1641

Kulmbach, bekannt durch seine Biere, wird von der mächtigen Plassenburg überragt, deren Hauptteile 1560–1570 erbaut wurden

Kulmbach, well-known for its beers, is dominated by the mighty castle of Plassenburg, the main parts of which were built 1560–1570

Ville célèbre pour ses bières, Kulmbach est dominée par l'imposante Plassenburg dont les parties essentielles ont été construites entre 1560 et 1570

Bayreuth, Stadt der Richard-Wagner-Festspiele. Das Neue Schloß der Eremitage, eine der großartigsten Schöpfungen des 18. Jahrhunderts in Franken

Bayreuth, home of the Richard Wagner Festival. Here, the Neue Schloß of the Eremitage, one of the most magnificent examples of 18th century architecture in Franconia

Bayreuth, la ville des festivals Wagner. Le château de l'Ermitage est une des principales créations du 18e siècle en Franconie

Wuchtig überragt die Festung die ehemalige herzogliche Residenzstadt Coburg in Oberfranken

Towering mightily above Coburg in Upper Franconia, appears the Fortress, a former ducal residence

La silhouette massive de la forteresse domine Coburg, ancienne résidence ducale de Haute Franconie

Bamberg, die Schatzkammer Frankens.
Ein Jahrtausend deutscher Geschichte und Kultur werden hier lebendig.
Das Alte Rathaus auf der Regnitzbrücke wurde 1750 erbaut

Bamberg, the treasure house of Franconia, which keeps alive a milennium of German history and culture

Bamberg, trésor de la Franconie.
Mille ans d'histoire et de culture allemande y redeviennent vivants

Schweinfurt: Das Rathaus der alten Reichsstadt, 1570–72 erbaut, ein Glanzstück der deutschen Renaissanceart

The Town Hall of Schweinfurt, an ancient Imperial town, was built between 1570 and 1572 and is a glorious example of German Renaissance

Schweinfurt: Construit de 1570 à 1572, l'Hôtel de Ville de cette ancienne ville libre compte parmi les plus belles réalisations du style Renaissance allemand

Oberhalb Würzburgs erhebt sich die Feste Marienberg, ehemals bischöfliches Domizil

The fortress of Marienberg, formerly a bishop's residence, rises above the roofs of Würzburg

Dominant Wurtzbourg, la forteresse Marienberg qui était jadis le domicile de l'évêque

Das romantische Wasserschloß
Mespelbrunn im Spessart,
Geburtsort des Großen Bischofs
Julius Echter

The romantic, moated Castle
of Mespelbrunn was the
birth-place of the great bishop,
Julius Echter

Mespelbrunn, château romantique
construit au bord de l'eau dans
le Spessart, est le lieu de naissance
de l'évêque célèbre Julius Echter

Das wehrhafte
Karlstadt am Main (rechts)

The defended town
of Karlstadt on Main (right)

Karlstadt sur le Main, ville pourvue
de solides fortifications (à droite)

FRAMA-MALZ
DAMCO 245

Von den Rebhügeln des Mains umgeben liegt Klingenberg, bekannt durch seinen guten Rotwein

Klingenberg, surrounded by the vineyards sloping down to the River Main, is well known for its good red wine

Klingenberg, localité célèbre pour son vin rouge, est blottie au milieu des coteaux plantés de vignes

Aschaffenburg.
Fast wieder völlig hergestellt ist das mächtige Renaissanceschloß Johannisburg (1614)

The huge Castle of Johannisburg at Aschaffenburg, whose restoration is now almost complete, was originally built in the Renaissance style in 1614

A Aschaffenbourg, le magnifique château Renaissance «Johannisburg» (1614) est presque entièrement reconstruit

Harmonisch fügt sich bei Würzburg die Autobahn in das Landschaftsbild

Eine Perle Mainfrankens ist das verträumte Miltenberg mit seinen Fachwerkhäusern und dem „Schnatterloch“ am Marktplatz

The motorway near Würzburg has fitted harmoniously into the landscape

The dreamy little town of Miltenberg, with its timbered houses on the Market Square, is one of the treasures of the Franconian part of the Main area

Près de Wurtzbourg, l’autoroute a été construite en harmonie avec le paysage

Miltenberg, petite ville rêveuse, est une des perles de la Franconie; ici, les maisons à colombages de la place du marché et le «Schnatterloch»

Ansbach ist voller barocker Spuren seiner markgräflichen Blütezeit

Ansbach is full of baroque evidence of its heyday under the Margraves

Ansbach est riche en vestiges baroques remontant à l'époque des margraves

Wie durch einen Dornröschenschlaf erhalten: die Gerlach-Schmiede in Rothenburg ob der Tauber

The Gerlach Smithy in Rothenburg on Tauber seems to have been untouched by time

Décor de conte de fées: la Forge Gerlach à Rothenburg-ob-der-Tauber

Im barocken Erlangen
mit einer namhaften
Universität und auf-
strebender Industrie steht
dieses moderne Hochhaus

This modern sky-scraper
stands in the baroque
town of Erlangen,
which has both thriving
industries and a noted
University

Ce gigantesque building
moderne se dresse
à Erlangen, ville universi-
taire au caractère baroque
et qui est maintenant en
plein essor industriel

Nürnberg – großes Kapitel deutscher Geschichte. Der Schöne Brunnen und die um 1350 erbaute Frauenkirche am Hauptmarkt der alten deutschen Reichsstadt

Nuremberg – epitomizes a long chapter of German history. The Schöner Brunnen (Fair Fountain) and the Church of Our Lady (about 1350) in the main market square of this old German Imperial City.

Nuremberg y un chapitre important dans l'histoire de l'Allemagne. La Belle Fontaine et l'église Notre-Dame (vers 1350) sur la Place du Marché de l'ancienne ville impériale

Nördlingen im Ries, unversehrtes Kleinod mittelalterlichen Städtebaues, überragt vom „Daniel“

Nördlingen in the Ries, a jewel of medieval town-planning has remained still inviolate. Towering above it "Daniel"

Nördlingen im Ries, joyau d'urbanisme médiéval resté intact, est dominée par St-Daniel

Im zauberhaften Altmühltal liegt der schon im 10. Jahrhundert bekannte Marktflecken Dollnstein

In the enchanting Valley of the Altmühl, the market town of Dollnstein has existed since the 10th century

Dollnstein, bourgade déjà célèbre au Xe siècle, est située dans la jolie vallée qu'est l'Altmühltal

Das schöne Stadtbild von Neuburg an der Donau geht vor allem auf die pfalzgräfliche Zeit zurück

The fine buildings of Neuburg on Danube mostly arose during the days of the Electoral Counts

Neuburg sur le Danube doit beaucoup de son caractère à l'époque des comtes palatins

Das Kreuztor von Ingolstadt, eine der schönsten mittelalterlichen Toranlagen (1385), mit Frauenkirche

The Cross Gate of Ingolstadt, one of the finest medieval town gateways (1385) and the Church of Our Lady

Le Kreuztor à Ingolstadt, une des plus belles portes médiévales (1385), et l'église Notre-Dame

Donauwörth an der Romantischen Straße mit seinen vielen, an die Reichsstadt gemahnenden Bauten

Donauwörth, on the Romantic Highroad, reminds one of its ancient power by its many notable buildings

Donauwörth, ville située sur la route romantique, possède encore des édifices rappelant son passé de ville impériale

Augsburg: Perlachturm und das bedeutende Rathaus der Renaissance von E. Holl (1620) sind Zeugnisse einer großen weltgeschichtlichen Vergangenheit

In Augsburg, the Perlach Tower and the notable renaissance Town Hall built by E. Holl in 1620 testify to its great role in world history

Augsburg: la tour Perlach et l'hôtel de ville renaissance construit par E. Holl en 1620 sont les témoins d'un passé historique glorieux

Marktplatz mit Mariensäule und dem Schmalzturm der schwäbisch-bayerischen Grenzstadt Landsberg am Lech

The Market Place with St. Mary's Column and the "Schmalz" Tower at Landsberg on Lech, a border town between Bavaria and Swabia

La place du marché avec la statue de la Vierge et la Schmalzturm à Landsberg sur le Lech, ville située à la limite de la Bavière et de la Souabe

Der malerische Weißensee bei Füssen im Allgäu.
Im Hintergrund der 2047 m hohe Säuling

Weissensee, picturesque lake near Füssen in the Allgäu.
In the background, Mount Säuling (6,714 ft)

Le Weissensee, lac pittoresque situé près de Füssen en Allgäu.
A l'arrière-plan, le Säuling (2047 m)

Eine der gewaltigsten Kirchen des Rokokos, die des seit 764 bestehenden Klosters Ottobeuren (1766)

One of the vastest of the rococo churches is that built in 1766 at the Ottobeuren Abbey founded in 764

Une des plus imposantes églises baroques; elle a été érigée en 1766 comme église abbatiale à Ottobeuren, monastère fondé en 764

Oberstdorf, weltbekannter Kurort und Wintersportplatz, inmitten großartiger Berge

Oberstdorf, a health resort of world renown and a winter sports centre, lies encircled by a ring of magnificent mountains

Oberstdorf, grand centre de sports d'hiver et station climatique célèbre, est entouré de sommets majestueux

Das prachtvolle Rathaus der alten Reichsstadt Memmingen ist Zeugnis traditionellen Gewerbefleißes

The splendid Town Hall of Memmingen, once also an imperial city, is a testimonial to the traditional industry of its craftsmen

Le magnifique hôtel de ville de Memmingen, ancienne ville impériale, témoigne d'une diligence artisanale traditionelle

Gerstruben und die 2269 m hohe Höfats, berühmter Gras- und Edelweißberg des Allgäus

Gerstruben in the Allgäu and Mount Höfats (7,442 ft), famous for its meadows and edelweiss

Gerstruben et le Höfats (2269 m), sommet célèbre de l'Allgäu où fleurit l'Edelweiss

Kempten, Hauptort des Allgäus. Hier das Rathaus der ehemals fürstäbtlichen Residenz mit seinem bekannten Renaissance-Brunnen (1601)

Town Hall and the notable Renaissance Fountain (1601) at Kempten, the chief town of the Allgäu and once the seat of the bishops-princes

Kempten, principale ville de l'Allgäu et ancienne résidence du prince-abbé; ici, l'hôtel de ville et la célèbre fontaine renaissance (1601)

Lindau, malerisch auf einer Insel im Bodensee gelegen, besitzt beachtliche Zeugen aus reichsstädtischer Zeit

Lindau, picturesquely situated on an island in the Lake of Constance, has numerous monuments recalling its days as an independent imperial town

Lindau, ville pittoresque installée sur une île du lac de Constance, possède encore nombre de témoins de son passé de ville impériale

Konstanz, die ehrwürdige Konzilsstadt am Bodensee, in der 1415 Johannes Hus dem Scheiterhaufen übergeben wurde

Constance, the venerable meeting-place of the Council which condemned Johannes Hus to be burnt at the stake in 1415

Constance, ancien centre de concile, vit conduire Johannes Hus au bûcher en 1415

Meersburg, weinberühmtes Städtchen am steilen Bodenseeufer, birgt viele Erinnerungen an Annette von Droste-Hülshoff

Meersburg, on the steep shores of Lake Constance, a small town but famous for its wine and its many memories of Annette von Droste-Hülshoff

Meersburg, petite ville située sur la rive escarpée du lac de Constance et célèbre pour son vin, possède nombre de souvenirs rappelant Annette von Droste-Hülshoff

Die Insel Mainau,
alter Sitz des Deutschen Ritterordens, ist heute ein internationaler Jugendtreffpunkt

The Island of Mainau, the ancient seat of the Order of Teutonic Knights, is now a rendez-vous for the youth of the world

L'île de Mainau, jadis siège de l'Ordre des Chevaliers allemands, est maintenant un lieu de rencontre pour les jeunes du monde entier

Klosterkirche von Zwiefalten, bestes schwäbisches Barock

The Abbey Church at Zwiefalten, is Swabian late baroque

L'église abbatiale de Zwiefalten est du plus pur style baroque souabe

GASTHOF HIRSCH
SAAL

Ulm/Donau: Mittelpunkt der Stadt, das protestantische Münster mit dem höchsten Kirchturm der Erde (161 m), 1377 begonnen

In Ulm on the Danube, the heart of the town is the Protestant Minster begun in 1377. Its spire, the highest in the world, is over 531 ft tall

Ulm sur le Danube: Au centre de la ville, la cathédrale protestante entreprise en 1377. Sa tour, la plus haute tour d'église du monde, s'élève à 161 mètres

Burg Hohenzollern. Stammhaus des preußischen Herrschergeschlechtes

Hohenzollern Castle, the ancestral seat of the Prussian dynasty

Le château de Hohenzollern, résidence ancestrale de la dynastie prussienne

Am Tübinger Tor (13. Jahrh.) in Reutlingen, der Geburtsstadt des Volkswirtschaftlers Friedrich List (1789 – 1846)

The 13th-century Tübinger Tor in Reutlingen, the birthplace of the political economist Friedrich List (1789 – 1846)

La porte de Tübingen (XIIIe s.) à Reutlingen, ville natale de l'économiste Friedrich List (1789 – 1846)

Das reich bemalte Renaissance-Rathaus der alten Universitätsstadt Tübingen

The market place with the picturesque Town Hall in the university town of Tübingen

La Place du Marché de la célèbre ville universitaire de Tübingen et l'Hôtel de Ville pittoresque

Unterstmatt, ein beliebter Wintersportplatz im Schwarzwald (927 m)

Unterstmatt, at 3,040 ft, is a popular winter-sports resort in the Black Forest

Unterstmatt (927 m), une des nombreuses stations de sports d'hiver en Forêt-Noire

Dichtbewaldete Höhen, stille Täler – das ist der vielgerühmte Schwarzwald

Thickly wooded heights and peaceful valleys – this is the far-famed Black Forest

Hauteurs boisées, vallées tranquilles – telle est l'image de la célèbre Forêt-Noire

Universitätsstadt
Freiburg im Breisgau, Hauptstadt des Schwarzwaldes, mit dem gotischen Münster (13.–14. Jahrh.)

Freiburg in the Breisgau is the capital of the Black Forest district and has a university and a Gothic Cathedral

Fribourg en Brisgau, ville universitaire, capitale de la Forêt-Noire avec sa cathédrale gothique

Breisach: Blick auf das St.-Stephans-Münster

At Breisach, a view towards the Cathedral of St. Stephen

Breisach: la cathédrale St-Etienne

Triberg (618 m), einer der bekanntesten Höhenkurorte und Wintersportplätze im Schwarzwald

Triberg (2,020 ft), one of the best-known mountain health resorts and winter sports centres in the Black Forest

Triberg (618 m) est l'une des stations d'altitude et de sports d'hiver les plus célèbres de la Forêt-Noire

Schwarzwald:
Frühling im Sulzbachtal

The Black Forest:
The Valley of the Sulzbach in spring

La Forêt-Noire:
La vallée de la Sulzbach au printemps

Hornberg an der Gutach,
Schauplatz des berühmten
„Hornberger Schießens"

Freudenstadt – einer der besuchtesten Fremdenorte im Schwarzwald. Die in ihrer Anlage etwas seltsam wirkende Stadtkirche wurde 1601–1608 errichtet

Hornberg on the Gutach
is the scene of the famous
"Hornberg Schiessen"

Freudenstadt – one of the most popular tourist centres in the Black Forest. This rather unusual town church was constructed 1601–1608

Hornberg, sur la Gutach, petite ville où se déroule le célèbre «Hornberger Schiessen» (concours de tir)

Freudenstadt figure au nombre des centres touristiques les plus recherchés de la Forêt Noire. De forme curieuse, l'église paroissiale a été construite de 1601 à 1608

Internationaler Kurort Baden-Baden, Treffpunkt der Elegance. Mittelpunkt: das Kurhaus

Baden-Baden, as an elegant spa, is an international rendezvous, whose hub is the Pump Room

Baden-Baden, station thermale de renommée mondiale et lieu de rendezvous de l'élégance. Principal centre d'attraction: le casino construit à par Weinbrenner

Gengenbach, ein gut erhaltenes badisches Städtchen, war von 1366 – 1803 Freie Reichsstadt

Gengenbach, a well-preserved little town in Baden, was a free imperial town from 1366 – 1803

Petite ville typique du Pays de Bade, Gengenbach fut cité impériale libre de 1366 à 1803

Pforzheim, weltbekannte ,,Goldstadt" und ,,Pforte des Schwarzwaldes"

Pforzheim, the "Gate to the Black Forest" and the well-known "Gold Town"

Pforzheim, ville célèbre pour son orfèvrerie, est à la fois une des portes de la Forêt-Noire

Das malerische Altensteig, dessen Giebelhäuser sich hangaufwärts um die mittelalterliche Burg drängen

Clustering on the slopes up to the medieval castle, the gabled houses make Altensteig a picturesque sight

Une bourgade charmante: Altensteig; les maisons à pignon se pressent sur le versant autour de la forteresse moyenâgeuse

Karlsruhe, steingewordene Laune eines badischen Fürsten. Im Mittelpunkt das Schloß von 1752

Karlsruhe, the architectural whim of a Duke of Baden. The Palace built in 1752 is at the hub

Karlsruhe – un prince badois a transformé un caprice en pierre. Au centre, le château construit en 1752

Stuttgart: Blumenmarkt mit Stiftskirche und Schillerdenkmal

Stuttgart: The Flower Market round the Schiller Monument at the Collegiate Church

Stuttgart: Marché aux fleurs, église collégiale et statue de Schiller

Esslingen, sehenswerte alte Reichsstadt am Neckar, überragt vom „Dicken Turm" der Burg aus der Hohenstaufenzeit

Esslingen, a remarkable old imperial town on the Neckar, overlooked by the "Squat Tower" of the Castle dating from the period of the Hohenstaufens

Esslingen, ancienne ville impériale construite sur le Neckar, est intéressante à voir; elle est dominée par le «Grosse Tour» du château remontant à l'époque des Hohenstaufen

Ludwigsburg „Blühendes Barock" in der großartigen Schloßanlage der ehemaligen herzoglichen Residenz

Ludwigsburg's "Flowering Baroque" in the magnificent Palace Gardens at the former ducal residence

Ludwigsburg: le decor baroque de l'ancienne résidence ducale

Apostelgruppe des Marienaltars von Tilman Riemenschneider in der Herrgottskirche bei Creglingen

These Heads of Apostles on St. Mary's Altar by Tilman Riemenschneider are to be found in the Church of the Lord God (Herrgottskirche) near Creglingen

Ce groupe d'apôtres de l'autel de la Vierge par Tilman Riemenschneider se trouve dans l'église du Seigneur (Herrgottskirche) près de Creglingen

Landschaft um die „Dreikaiserberge“ in der schwäbischen Ostalb. Hier stand einst die Stammburg der Hohenstaufen

Swabian landscape near the "Dreikaiserberge" in the Ostalb. Here the ancestral home of the Hohenstaufen line once stood

Aux environs des «Dreikaiserberge» dans le Jura Souabe. C'est là que s'élevait jadis le château des Hohenstaufen

Schwetzingen: Blick auf das kurpfälzische Barockschloß (1715) mit seinem schönen Park

An aerial view over the fine park and the baroque Castle of the Counts Palatine at Schwetzingen, built in 1715

Schwetzingen: Vue sur le château baroque des Electeurs palatins (1715) et son magnifique parc

Markgröningen: Festzug beim traditionellen „Schäferlauf“ vor dem Rathaus

The procession passing the Town Hall at Markgröningen during the Shepherds' Festival

Markgröningen: le défilé du traditionnel «Schäferlauf» passe devant l'Hôtel de Ville

Der großzügig angelegte
Friedrichsplatz in Mannheim

Heidelberg am Neckar, die
vielbesungene Universitätsstadt

Mannheim, has this fine piece of spacious
town-planning at Friedrichsplatz

Heidelberg, on the Neckar, a university
town which is the theme of many songs

Une place de grand style:
La Friedrichsplatz à Mannheim

Heidelberg sur le Neckar, ville universitaire célèbre dans le monde entier

VATERLAND

Frankfurt, alte Reichsstadt am Main, heute eines der bedeutendsten Wirtschafts- zentren der Bundesrepublik

Frankfurt on Main, today one of the most important centres of W. Germany's economy, was an independent, imperial city long ago

Ancienne ville d'empire située sur le Main, Francfort est aujourd'hui l'un des principaux centres économiques de la République Fédérale d'Allemagne

Der Dom zu Frankfurt, einstmals Krönungsstätte deutscher Kaiser, beherrscht seit Jahrhunderten die Silhouette der Stadt

Frankfurt Cathedral, where at one period the coronations of the old Emperors of the German Nation used to be celebrated. Its outline has been a dominant feature of the city's silhouette for centuries

La cathédrale de Francfort domine la ville depuis des siéles. C'est là que les empereurs d'Allemagne étaient jadis couronnés

Darmstadt: Blick durch das Schloßtor auf Rathaus und Stadtkirche

Darmstadt: a glimpse of the Town Hall and the Town Church, through the Castle Gate

Darmstadt: L'Hôtel de Ville et l'église vus de la grille du château

Schloß Philippsruhe, einst Sommerresidenz der Grafen von Hanau, 1701 begonnen

Philippsruhe Castle, begun in 1701, was once the summer residence of the Counts of Hanau

Ancienne résidence d'été des comtes de Hanau, le château de Philippsruhe a été entrepris en 1701

Hirschhorn, altertümliches Städtchen am Neckar, überragt von einer Burg aus dem 13. Jahrhundert

Hirschhorn, a medieval townlet on the R. Neckar, soaring above which the 13th-century Castle is seen

Hirschhorn, petite cité tranquille des bords du Neckar, est dominée par son château érigé au 13e siècle

Michelstadt im Odenwald mit seinem 1484 erbauten Fachwerk-Rathaus

Michelstadt, in the middle of the Odenwald (forest) has a half-timbered Town Hall built in 1484

Michelstadt, localité située en plein cœur de l'Odenwald et son Hôtel de Ville à colombages construit en 1484

Die Burg Münzenberg in der Zeit
Kaiser Friedrich Barbarossas
um 1170 entstanden, beherrscht
die Weite der Wetterauer Landschaft

Münzenberg Castle, erected about
1170, in the days of the Emperor
Friedrich Barbarossa, commands
the expanse of the Wetterau country

Construite vers 1170, c'est à dire
sous le règne de Frédéric
Barberousse, la forteresse de
Münzenberg domine la Wetterau

Alsfeld. Das Rathaus, ein prachtvoller Fachwerkbau von 1516. Die Walpurgiskirche wurde 1240 begonnen

Alsfeld Town Hall (1516) is a fine example of half-timbering. The Walpurgis Church was begun in 1240

Alsfeld. L'hôtel de ville (1516), magnifique construction à colombages. L'église a été entreprise en 1240

Der Dom zu Fulda, neu entstanden 1704–1712, Grabstätte Bonifatius', des „Apostels der Deutschen"

Fulda Cathedral, rebuilt between 1704 and 1712, the last resting-place of St. Boniface, the "Apostle of the Germans"

La cathédrale de Fulda, reconstruite de 1704 à 1712, abrite le tombeau de St-Boniface, l'«apôtre des Allemands»

Schwälmer Trachten. Im Land der Grimmschen Märchen ist „Rotkäppchen“ auch noch heute lebendig

Traditional Schwalmland costumes. In the land of the Grimm brothers' fairy-tales, “Red Riding Hood” is still alive today

Costumes folkloriques de la Schwalm. Au pays des contes de Grimm, le «petit chaperon rouge» reste encore actuel

Marburg an der Lahn, berühmte Universitätsstadt mit vielen malerischen Bürgerhäusern und mittelalterlichen Repräsentationsbauten

Marburg on Lahn, the famous university town with many picturesque homes of the former wealthy townspeople and stately medieval buildings

Marburg sur la Lahn, ville universitaire célèbre ayant conservé nombre de maisons patriciennes et d'édifices rappelant le Moyen-Age

Melsungen, eine charakteristische Stadt mit vorzüglich erhaltenen Fachwerkhäusern aus dem 16. und 17. Jahrhundert

Melsungen, a typical 16th to 17th century town with excellently preserved half-timbered houses

A Melsungen, ville caractéristique de la région, on peut encore admirer de jolies maisons à colombages datant des 16e et 17e siècles

Bad Hersfeld. Sommerliche Freilicht-Festspiele in der 1761 zerstörten Stiftskirche, die eine der eindrucksvollsten Kirchenruinen ist

Bad Hersfeld, where the summer open-air theatre festivals use as a back-cloth one of the most impressive ecclesiastical ruins, the Collegiate Church wrecked in 1761

Pendant le festival de Bad Hersfeld. La représentation se déroule dans les ruines imposantes de l'ancienne église abbatiale détruite en 1761

Kassel. Blick zum Herkules, dem Wahrzeichen der Stadt, aus dem Schloßpark von Wilhelmshöhe

A view in Kassel from the Wilhelmshöhe in the Castle Park towards the Hercules Monument, the city's landmark

Kassel. L'«Hercule», signe caractéristique de la ville, vu du parc de Wilhelmshöhe

In Frankenberg an der Eder steht seit 1509 eines der stolzesten althessischen Rathäuser – ein schieferverkleideter Fachwerkbau

Since 1509, this Town Hall – one of the stateliest in "Old Hesse" – a product of the timbering and slate-work crafts, has stood in Frankenberg on the Eder

Fière construction à colombages aux façades en partie recouvertes d'ardoises, l'hôtel de ville de Frankenberg sur Eder date de 1509

Burg Runkel mit der 1440 angelegten Lahnbrücke

Runkel Castle with the ancient Lahn Bridge constructed in 1440

Les ruines du château fort de Runkel dominent un vieux pont construit sur la Lahn en 1440

Herborn, von 1584–1817 Sitz einer theologischen Universität und geistiges Zentrum des reformierten Nassauer Landes. Das Rathaus wurde 1591 erbaut

Dietkirchen. Die St. Lubentius-Kirche, eines der großartigsten romanischen Architekturbilder Deutschlands, im 11. Jahrhundert begonnen

Herborn was the spiritual centre of the Reformed State of Nassau and had a theological university from 1584 till 1817. The Town Hall was erected in 1591

The Church of St. Lubentius at Dietkirchen. It was begun in the 11th century and is one of the most magnificent examples of Romanesque architecture in Germany

Herborn a possédé une faculté de théologie de 1584 à 1817. Jadis, centre intellectuel et religieux de cette région fidèlé aux idées de la Réforme. L'hôtel de ville date de 1591

Dietkirchen. L'église St-Lubentius, un des plus beaux édifices romans d'Allemagne. Sa construction fut enteprise au 11e siècle

Schloß Waldeck, auf einer wuchtigen Bastion im 16. Jahrhundert erbaut

Limburg an der Lahn, alte Bischofsstadt mit engen Gassen und verträumten Winkeln, überragt von dem siebentürmigen spätromanischen Dom aus dem 13. Jahrhundert

Waldeck Castle, on a massive natural bastion, was built in the 16th century

Limburg on Lahn, the ancient seat of a bishopric. The 13th-century Late Romanesque Cathedral with its seven towers overtops the narrow alleys and quaint nooks of the old town

Le château de Waldeck a été construit au 16e siècle sur un solide bastion

Vieille ville épiscopale aux ruelles étroites, Limburg sur la Lahn est dominée par l'imposante silhouette de sa cathédrale aux sept tours (13e s.)

Weilburg an der Lahn, von 1355 bis 1816 im Besitz der Fürsten von Nassau-Weilburg, hat sich sein Bild als Barockresidenz eines Kleinstaates bis heute in seltener Reinheit bewahrt

Weilburg on Lahn, owned by the Princes of Nassau-Weilburg from 1355 till 1816, has preserved, with a rare degree of fidelity, the aspect of a baroque Residence of a small state

Weilburg sur la Lahn a appartenu aux princes de Nassau-Weilburg de 1355 à 1816. Elle conserve encore son caractère de résidence de l'époque baroque

Wiesbaden, Hauptstadt des Landes Hessen. Berühmtes Heilbad und elegante Kurstadt mit 26 Thermalquellen, die schon die Römer kannten. Das Kurhaus wurde 1905–1907 erbaut

Wiesbaden, the capital of the State of Hesse. A famous spa and elegant health-resort, its 26 warm springs were known to the Romans even. The Pump House was built between 1905 and 1907

Wiesbaden, capitale du land de Hesse. Station thermale célèbre et mondaine dont les 26 sources étaient déjà appréciées par les romains. Le casino a été construit entre 1905 et 1907

Rosenmontagszug
im Mainzer Karneval

The Procession in Mayence
on Carnival Monday

Défilé du lundi du carnaval
à Mayence

Die Pfalz bei Kaub, ehemals kurpfälzische Zollstätte. Hier setzte Blücher in der Neujahrsnacht 1813/14 über den Rhein

The Pfalz Island near Kaub, where, formerly, Palatinate customs were imposed. On New Year's Eve, in 1813/14, Blücher crossed the Rhine at this point

Dans le Palatinat près de Kaub, ancien poste de douane du prince-électeur. C'est là que Blücher a passé le Rhin dans la nuit du nouvel an 1813–1814

Das reichverzierte Rokokoschloß von Trier, nach dem Zweiten Weltkrieg in seiner alten Form wiederaufgebaut

The rococo Castle of Trier, rebuilt true to its highly ornamented original, after the Second World War

Les riches ornaments du château de Trèves sont typiques du style rococo. Après la Seconde Guerre mondiale, le château a été reconstruit selon les plans d'origine

Karden an der Mosel, ehemalige Stiftskirche St. Castor

At Karden on the Moselle, the former monastic Church of St. Castor

St-Castor, ancienne église conventuelle à Karden sur la Moselle

Der Dom zu Speyer ist der mächtigste der rheinischen Kaiserdome und Grabstätte vieler deutscher Kaiser

Speyer Cathedral is the mightiest of the imperial cathedrals of the Rhine lands and the burial place of many German emperors

La cathédrale de Speyer est la plus imposante des cathédrales impériales de la vallée du Rhin; nombre d'empereurs y reposent

Burg Eltz im Eltzbachtal, seit über 1000 Jahren im Besitz der Grafen von Eltz, unversehrt erhalten

Eltz Castle in Eltzbach Valley has been kept intact and in the possession of the Counts of Eltz for over a thousand years

Le château d'Eltz dans l'Eltzbachtal est depuis plus de 1000 ans propriété des Comtes d'Eltz

Ein Eifel-Maar, Kratersee eines toten Vulkans, typisch für diese Landschaft

Der Brückenheilige Johannes von Nepomuk in Monreal

An Eifel lake in the crater of an extinct volcano, typical of this country side

The Patron Saint of Bridges, St. John of Nepomuk, at Monreal

Un «Maar» dans l'Eifel. Ces lacs de cratère sont typiques de la region

St-Johannes Nepomuk à Monreal

Boppard mit der St.-Serverus-Pfarrkirche (12. Jahrhundert)

Boppard, with its 12th-cent. Parish Church of St. Serverus

St-Serverus (XIIe siècle), église paroissiale de Boppard

Weinbewachsene, von Burgen gekrönte Höhen zieren den romantischen Rhein. Burg Katz mit dem Loreley-Felsen

Vine-clad heights crowned with castles add beauty to the romance of the Rhine. Loreley Cliffs behind Katz Castle

Des hauteurs couvertes de vignobles et couronnées de châteaux-forts bordent le Rhin romantique. La forteresse de Katz avec le rocher de la Loreley

Das Deutsche Eck an der Moselmündung bei Koblenz und die Festung Ehrenbreitstein

The "Deutsche Eck", a Coblence landmark on the spit of land at the confluence of the Moselle and the Rhine, opposite the fortress of Ehrenbreitstein

Le «Deutsches Eck» au confluent de la Moselle près de Coblence et la forteresse «Ehrenbreitstein»

Bad Ems, an der Lahn gelegener berühmter Kurort ▶

Bad Ems, a famous spa lying on both sides of the River Lahn

Bad Ems, station thermale célèbre, s'étend de part et d'autre de la Lahn

Saarbrücken, Universitäts- und Messestadt, wirtschaftlicher und kultureller Mittelpunkt des Saarlandes. Rechts das Stadttheater

Saarbrücken Municipal Theatre. The town is not only the economic and cultural centre of Saarland: it is a university town that also holds trade fairs

Célèbre pour son université et sa grande Foire annuelle, Sarrebruck est le centre économique et culturel de la Sarre. Ici, le théâtre

Im Land an der Saar: die Saarschleife bei Mettlach und die Hochofenanlage eines Hüttenwerkes

In the Valley of the Saar, a loop of the river near Mettlach, and the tapping of a furnace

Dans la vallée de la Sarre: Un méandre de la rivière près de Mettlach

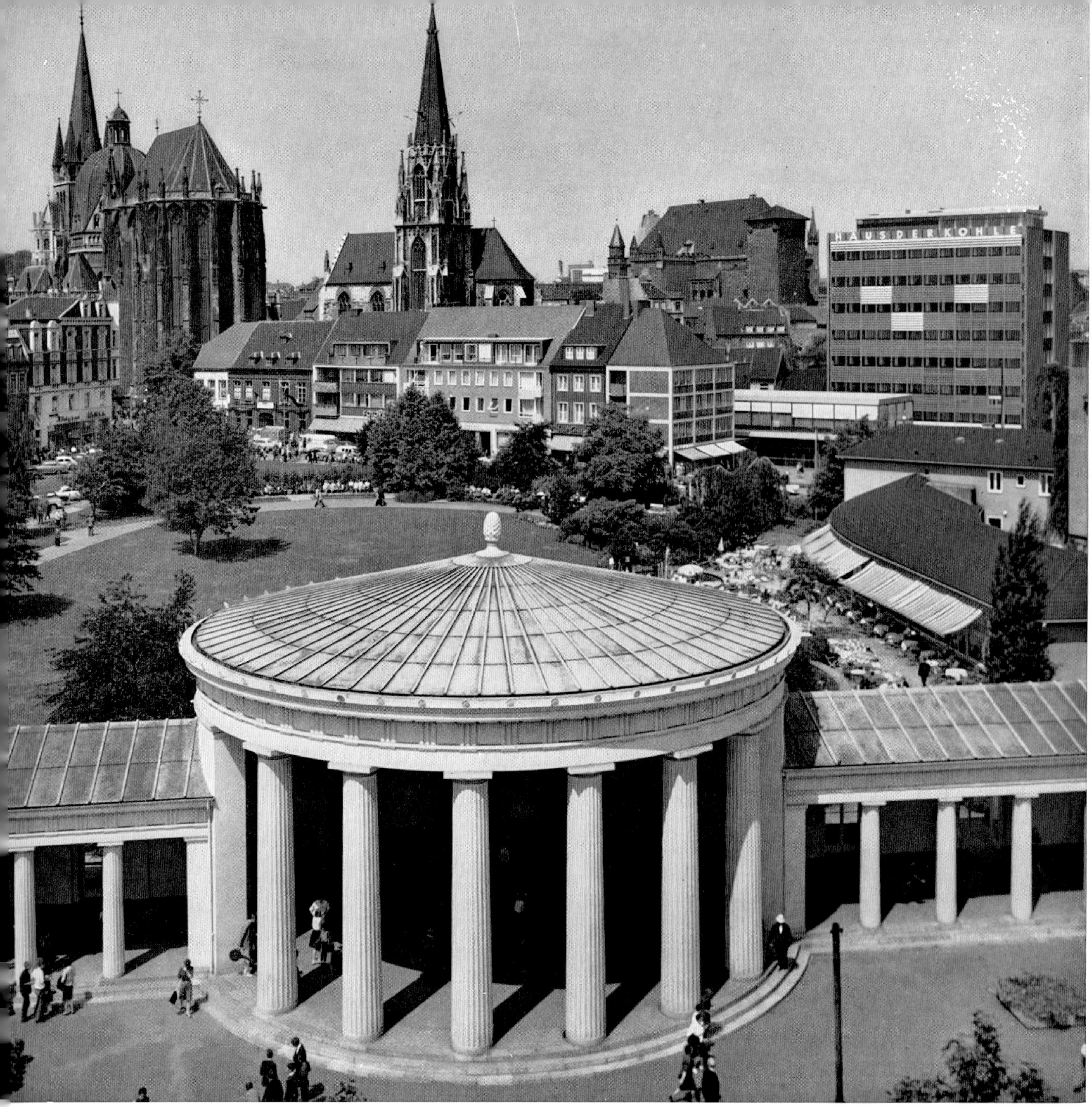

Aachen, von 936–1531 Krönungsstadt deutscher Kaiser und Könige. Blick auf Elisenbrunnen, St.-Foillans-Kirche und Dom

Aix-la-Chapelle, where German Emperors and Kings were crowned in the years between 936 and 1531 A.D. View of the Pump Room, the Cathedral and the Church of St. Foillan

Aix-la-Chapelle a vu couronner les empereurs d'Allemagne de 936 à 1531. Vue sur l'«Elisenbrunnen», l'église St-Foillan et la cathédrale

Monschau an der Rur hat das Kleinstadt-Idyll des 18. Jahrhunderts bewahrt

Monschau on the Rur has preserved the provincial picturequeness of a small 18th-cent. town

Cette idylle provinciale à Monschau sur la Rur est restée ce qu'elle était au XVIIIe siècle ▶

Rur-Café

Bonn, Universitätsstadt am Rhein, Hauptstadt der Bundesrepublik. Hier am Sitz von Parlament, Bundespräsident und Bundesregierung konzentriert sich das politische Leben.
Das Rathaus wurde 1738 erbaut

Bonn, university city on the Rhine and capital of the Federal Republic. Political life revolves round this city which is the seat of Parliament, the Federal President and the Federal Government.
The town hall was built in 1738

Bonn, ville universitaire située sur le Rhin et capitale de la République Fédérale d'Allemagne. Siège du parlement, résidence présidentielle et siège du gouvernement; c'est là que se concentre la vie politique du pays.
L'hôtel de ville a été érigé en 1738

Siegburg, überragt von der 1064 gegründeten Benediktiner-Abtei St. Michael

Siegburg, above which rises the Benedictine Abbey of St.-Michael, founded 1064

Siegburg est dominée par St-Michel, abbaye bénédictine fondée en 1064

Brühl: Das erzbischöfliche Rokokoschloß Augustusburg. Glanzvoller Mittelpunkt vergangener und jetziger Zeiten

At Brühl, Augustusburg, the magnificent rococo Palace of the Archbishop, was a pivot in historic times – and still is

L'Augustusburg à Brühl, château rococo appartenant jadis à l'archevêque de Cologne. L'édifice a vu et voit encore se dérouler des réceptions somptueuses

Gewaltiges „hilliges Coellen“ von den Römern gegründet, Schatzkammer nordrheinischen Kunstschaffens ... alles überragend die Türme des mächtigen Domes

Rechts: Die neue Severinsbrücke über den Rhein

The “hilliges Coellen” founded by the Romans is immense and a treasure-house of North Rhineland creative arts; soaring above it all, the towers of the mighty Cathedral

Right: The new Severins Bridge over the Rhine

L’imposante «hilliges Coellen», ancienne cité romaine; trésor artistique du Rhin septentrional, elle est dominée par les tours de son immense cathédrale

A droite, le nouveau pont St-Séverin sur le Rhin

Essen, Mittelpunkt und Einkaufsstadt des Ruhrgebietes, nach schweren Zerstörungen großzügig aufgebaut

Düsseldorf: Hauptstadt des Landes Nordrhein-Westfalen,
Zentrum des rheinisch-westfälischen Industriereviers mit modernen Bauten und Straßenanlagen

Essen, the industrial hub and shopping centre of the Ruhr District, has been rebuilt on a grand scale after its demolition by bombing

Düsseldorf, the capital of the present State of North Rhine-Westphalia, and the industrial centre of this state, boasts most up-to-date slab buildings and finely planned motor thoroughfares and fly-overs

Essen, centre industriel et commercial de la Ruhr presque entièrement détruit pendant la guerre, a été reconstruite selon des notions modernes

Düsseldorf, capitale du Land de Rhénanie-du-Nord-Westphalie et principal centre industriel de cet Etat, est riche en constructions modernes, buildings et routes

212

Duisburg, die Stadt des Stahls, verfügt mit Ruhrort über den größten Binnenhafen Europas

Duisburg, "the steel-town" which, together with Ruhrort has the largest inland harbour in Europe

Duisbourg, ville de l'acier, dispose du plus grand port fluvial d'Europe, Ruhrort

Friedlich-beschauliche Landschaft am Niederrhein

Peaceful and tranquil scenes in the Lower Rhine Valley

Coucher de soleil sur la vallée du Rhin inférieur

Dortmund. Mitten im 1959 großzügig angelegten Westfalenpark steht der 220 m hohe Fernsehturm

Dortmund. The 720 ft television tower in the large Westphalia Park which was landscaped in 1959

La tour de télévision (220 m) de Dortmund se dresse dans le «Parc de Westphalie», espace vert aménagé en 1959

Raesfeld, eine der prächtigsten Wasserburgen des Münsterlandes, erbaut 1643 – 1658

Built 1643 – 1658, Raesfeld Castle is one of the finest moated mansions in Münsterland

Le château de Raesfeld (1643 – 1658) dans la région de Münster compte parmi les plus beaux du genre

Bochum, bereits um 1100 erwähnt, ist eine Industriestadt mit Steinkohlenbergbau, Eisenwerken und Maschinenfabriken, seit 1965 Universitätsstadt

Bochum, mentioned as early as 1100, is a large industrial city specialising in coal-mining, iron works and engineering. The university was founded in 1965

Bochum figure déjà dans des documents remontant à 1100. Elle est caractérisée notamment par l'extraction de la houille, l'industrie métallurgique et les constructions mécaniques

Wasserschloß Lembeck im Münsterland, das Ende des 17. Jahrhunderts entstand

The moated castle of Lembeck in the Münsterland, built in the 17th century

Erigé vers la fin du XVIIe siècle, le château de Lembeck dans le Münsterland

Münster. Provinzialhauptstadt mit herrlichen Kirchen, profanen Baudenkmälern von künstlerischem Rang und bedeutender Landesuniversität. Hier der Prinzipalmarkt mit der Lambertikirche

Münster, a provincial capital with magnificent churches, secular buildings of high artistic value and an important Land university. Here, the Prinzipalmarkt with the Church of St. Lambertus

Capitale de la province, Münster possède des églises magnifiques et nombre de belles constructions. D'un niveau artistique élevé, cette ville est également le siège d'une université. Ci-dessus, le marché principal et l'église St-Lambert

Warendorf, Stadt des Pferdes und Sitz des ältesten preußischen Landgestütes. -- Auffahrt der Vierspänner bei der Hengstparade

Warendorf, a horse town and home of the oldest Prussian stud-farm. Carriage-and-four procession at the Stud-Horse Show

Warendorf est par excellence la ville des chevaux; c'est aussi le siège du haras prussien le plus ancien. — Défilé des attelages à quatre chevaux lors de la parade des étalons

Hagen, Großstadt im Grünen, Industriestadt und kultureller Mittelpunkt Südwestfalens. Eingangspforte zum Sauerland

Reizvoll schmiegen sich die Fachwerkhäuser des Luftkurortes und Wintersportplatzes Hallenberg an die Südhänge des Rothaargebirges

Hagen. Nowadays it is a modern industrial city and a cultural centre for south Westphalia, situated at the entrance to the Sauerland

The charming half-timbered house of Hallenberg huddle against the southern slopes of the Rothaar mountains. Hallenberg is a health resort and winter sports centre

Hagen est une ville dans la verdure. C'est à la fois une ville industrielle, le centre culturel du sud de la Westphalie et la porte du Sauerland

Hallenberg est une station climatique et de sports d'hiver située à la lisière méridionale du Rothaargebirge. Les jolies maisons à colombages apportent leur note pittoresque

SYBILLE HAMBURG HAMBURG SYBILLE
MTS. NAVEXTANK 2

Soest, „Stadt des deutschen Mittelalters", mit kunstgeschichtlich wertvollen Kirchen und einer gut erhaltenen Stadtumwallung. Das Osthoventor wurde 1526 vollendet

Soest, an important medieval town with fine historic churches and well-preserved town ramparts. The Osthoven Gate was completed in 1526

Soest est typique du Moyen-Age allemand. Elle possède de très belles églises et des fortifications en bon état. La porte d'Osthoven a été terminée en 1526

◀ Hamm: Zeche «Sachsen» und der Stadthafen am Datteln-Hamm-Kanal

Hamm: The Sachsen colliery and the city port on the Damm-Hamm Canal

Hamm: Le puits de mine «Sachsen» et le port sur le canal

Von einzigartiger Schönheit: das Fachwerkidyll Freudenberg im Siegerland

Picturesque Freudenberg in Siegerland is rich in the singular beauty of half-timbered buildings

A Freudenberg dans la région de Siegen, on trouve beaucoup de maisons à colombages, mode de construction caractéristique de cette contrée

Sagenumwoben und geheimnisumwittert: die Externsteine im Lipper Land

The mysterious Externsteine in the Lippeland have given rise to innumerable legends

Le rochers d'Extern dans la Lippe ont toujours été entourés de légendes et de secrets

Paderborn. Berühmte Kaiser-, Bischofs- und Hansestadt mit 2000jähriger Geschichte. Am Fuße des Domes entspringt aus 200 Quellen die Pader

Lemgo, einst eine reiche und mächtige Hansestadt, bietet das Bild einer Bürgerstadt aus dem 16. Jahrhundert. Hier das Rathaus, eines der schönsten Deutschlands, und die Nicolaikirche (13. Jahrhundert)

Paderborn a famous free imperial, episcopal and Hansa town which dates back 2000 years. The river Pader rises out of 200 springs round the foot of the cathedral

Lemgo, once a rich and powerful Hansa town, has retained its character of a 16th-century merchant town. Here, the town hall, one of the most beautiful in Germany, and the 13th-century Church of St. Nicholas

Ancienne ville impériale, épiscopale et hanséatique, Paderborn est deux fois millénaire. Devant la cathédrale, la Pader naît de 200 sources

Jadis puissante cité hanséatique, Lemgo offre aujourd'hui l'aspect caractéristique d'une ville marchande du XVIe siècle. L'hôtel de ville est l'un des plus beaux d'Allemagne. A l'arrière-plan, les tours de St-Nicolai

In Rietberg, der „Stadt der schönen Giebel“ steht dieses bürgerlich-schlichte Rathaus, dem später eine überdachte Treppe vorgelegt wurde

This town hall in Rietberg, the “town of the beautiful gables”, is charming in its simplicity. The covered staircase was added later

Rietberg est appelée la «ville aux jolis pignons». L'hôtel de ville s'est vu ajouter un escalier couvert

Schwalenberg, ein idyllisches Berg- und Malerstädtchen mit alten Ackerbürgerhäusern.
Das Rathaus, ein origineller Fachwerkbau von 1579, zieren buntbemalte Schnitzereien

Schwalenberg, an idyllic little hill town with its picturesque old farmers' houses.
The town hall, an original half-timbered building from 1579, is decorated with brightly painted carvings

Schwalenberg est une petite ville pittoresque où l'on rencontre encore de vieilles demeures typiques.
Des sculptures colorées ornent la façade de l'hôtel de ville, construction à colombages réalisée en 1579

Bielefeld, am Nordrand des Teutoburger Waldes, Mittelpunkt der deutschen Leinenindustrie

Bielefeld, on the northern slopes of the Teutoburger Forest, is the centre of the German linen industry

Située à la lisière septentrionale du Teutoburger Wald, Bielefeld est un des principaux centres allemands de l'industrie de la toile

Minden an der Weser, alte Hansestadt mit bedeutendem frühgotischen Dom (10. und 11. Jahrhundert)

Minden on the Weser, an old Hansa town with an important Early Gothic cathedral (10th and 11th centuries)

Minden sur la Weser était jadis membre de la hanse. La cathédrale a été érigée aux Xe–XIe siècles

Das mittelalterliche Hannoversch-Münden. Der sagenhafte „Doktor Eisenbart“ lebte hier

Hameln an der Weser. Alljährlich wird hier das „Rattenfänger-Spiel“ mit einem Umzug begangen

The medieval town of Hanoverian Münden is where the legendary Dr. Eisenbart lies buried

Hameln on Weser, where there is an annual performance of "The Pied Piper", with a procession

Maisons moyenâgeuses à Hannoversch-Münden. C’est ici que vécut le légendaire «Docteur Eisenbart»

A Hameln sur la Weser a lieu chaque année un défilé rappelant la légende du preneur de rats

In der 1000jährigen Bischofsstadt Hildesheim:
Madonna mit dem Tintenfaß, gotische Holzplastik im Dom;
Maria vom Raphonschen Altar der St.-Michaelis-Kirche;
Türklopfer an der Bernwardstür (um 1150) und Plastiken am Taufbecken (um 1220) des Domes

At Hildesheim, the seat of the bishops for a thousand years. –
The Madonna with an Inkpot, a Gothic wood-carving in the Cathedral;
Mary, a detail of the Raphon Altar in St. Michael's Church;
Doorknocker on the St. Bernward's Door (1150) and carving on the Cathedral Font (1220)

A Hildesheim:
Madonne à l'encrier, statue gothique sculptée dans le bois, à la cathédrale;
Marie, détail du retable de Raphon à l'église St-Michel;
heurtoir de la porte St-Bernward (1150) et reliefs des fonts baptismaux (1220) de la cathédrale

Goslar: Malerische Fachwerkhäuser und mittelalterliche Kirchen erinnern an die Vergangenheit als Reichsstadt und Kaiserpfalz

Picturesque timbered houses and medieval churches recall the days when Goslar was an imperial seat and a free, imperial town

Pittoresques maisons à colombages et églises médiévales sont autant de témoins du passé historique de Goslar, ancienne résidence impériale puis ville libre

Göttingen – Symbol der Gelehrsamkeit. Ewige Studentenliebe ist der Gänseliesel-Brunnen am Marktplatz

Göttingen – a famed seat of learning. Students traditionally flock to the goosegirl fountain in the market square after examinations

Göttingen – symbole de l'érudition. La fontaine «Gänseliesel» sur la Place du Marché a toujours fait la joie des étudiants

Stille Wälder und rauschende Bäche, einsame Pfade und geheimnisumwitterte Sagen – alles zusammen macht den eigenwilligen Reiz der Harzlandschaft aus

Silent woods and rushing waters, secluded paths and mystery-shrouded sagas—all are part of the characteristic charm of the Harz country

Forêts tranquilles et ruisseaux murmurants, sentiers solitaires et mystérieuses légendes – tout ceci contribue à donner à la région du Harz son charme particulier

Wolfenbüttel, von 1308–1753 Residenz der Herzöge von Braunschweig. Hier das ehemalige Schloß, nach 1691 erneuert, jetzt Heimatmuseum

At Wolfenbüttel, which was the seat of the Dukes of Brunswick from 1308–1753, the present Local Museum was formerly the Castle

Wolfenbüttel fut de 1308 à 1753 résidence des ducs de Brunswick. L'ancien château a été rénové après 1691

Meisterwerk der Technik: die Okertalsperre im Harz

This Okertal Dam in the Harz is a masterpiece of technological achievement

Un ouvrage d'art parfaitement réussi: le barrage de l'Oker dans le Harz

Braunschweig. Der Altstadtmarkt mit Martinskirche, Bleibrunnen und Altstadt-Rathaus (12. und 13. Jahrh.)

Brunswick. The market place of the old quarter, with St. Martin's Church, the Lead Fountain and the Old City Hall (12th and 13th cents.)

Brunswick. La Place du Vieux Marché avec sa fontaine appelée Bleibrunnen, l'église St-Martin et l'Ancien hôtel de Ville (12e-13e siècles)

Hannover: Landeshauptstadt von Niedersachsen. Blick zum Rathaus

Hanover, the capital of Lower Saxony. View of the City Hall

Hanovre, capitale de la Basse-Saxe. Vue sur l'Hôtel de Ville

Lüneburg:
alte Salz- und Hansestadt
mit vielen Zeugen
norddeutscher Backsteinkunst

Wacholderbüsche und
Heidekraut –
das ist die Lüneburger Heide

Lüneburg,
the salt-trading town has still
much that bears witness
to North-German brickwork art

Juniper bushes and heather –
these are characteristics
of Lüneburg Heath

Lüneburg, ancienne ville hanséatique célèbre
pour le commerce du sel, possède encore
beaucoup d'édifices en briques construits dans
le style caractéristique d'Allemagne du Nord

Genévriers et bruyère, telles sont les
caractéristiques de la lande de Lüneburg

Eines der schönsten niederdeutschen Bauernhäuser ist die „Wehlburg" in Badbergen bei Quakenbrück (jetzt im Museumsdorf Cloppenburg)

"Wehlburg" (about 1750) at Badbergen, near Quakenbrück is one of the finest farm-houses of Lower Germany

«Wehlburg» (environ 1750) à Badbergen près de Quakenbrück compte parmi les plus belles fermes de la Basse-Allemagne

Prunkpforte eines Bauernhofes im Alten Land

A fine gateway into a farm

Ce joli portail constitue l'entrée d'une ferme

ORA ET LABORA: DEUS ADERIT SINE MORA
ANNO 1683

Emden, drittgrößte Seehafenstadt der Bundesrepublik und größter Automobil-Umschlagplatz der Welt. Im modernen Stil neugestaltet wurde die durch Luftangriffe zerstörte Altstadt

Emden, the third largest seaport in the Federal Republic and the world's leading automobile transshipment centre. The old part of the town has been rebuilt in the modern style following severe air-raid damage

Emden est à la fois le 3e port maritime de République fédérale et le premier port du monde pour le transport d'automobiles. Détruite par les bombardements, la Cité a été reconstruite selon des données modernes

Greetsiel in Ostfriesland – bevorzugtes Ziel von Malern

Greetsiel in East Friesland – much visited by artists

Greetsiel en Frise Orientale, est un endroit très recherché des peintres

Oldenburg. Ehemalige großherzogliche Residenzstadt. Umschlagplatz eines agrarischen Hinterlandes und Sitz einer vielseitigen Industrie. Hier die Brunnenanlage am Schloßplatz

Oldenburg, formerly a Grand Ducal residence town, is an important trading centre for the surrounding rich agricultural area and has various industries. Here, the fountain in the Castle courtyard

Oldenburg, ancienne résidence ducale. Ville où s'effectue le commerce des produits agricoles de l'arrière-payset centre industriel. Ici, la fontaine de la Place du château

Leer: Die Alte Waage in der ostfriesischen Stadt mit holländischem Gepräge

Leer, an East-Friesian town with a Dutch aspect: here, the Weigh House

Leer en Frise Orientale rappelle les villes de Hollande; ici, la Balance

Strand des Staatsbades Norderney, dem ersten deutschen Nordseebad, das bereits 1797 gegründet wurde

The Beach at Norderney, a State resort, which was the first of the North Sea health-resorts, established as early as 1797

La plage de Norderney, première station balnéaire allemande dont l'origine remonte à 1797

Sand, Wind, Meer und Dünen: Ideales Ferienparadies an der Nordseeküste

Sands, ocean waves, breezes and dunes make a holiday paradise on the North Sea coast

Sable, vent, mer et dunes: véritable paradis pour estivants sur la côte de la Mer du Nord

„Roland der Ries“ vor dem Rathaus zu Bremen, Sinnbild der Reichsfreiheit und des Marktrechtes. – Denkmal der „Bremer Stadtmusikanten“

"Roland the Giant" in front of the City Hall in Bremen is a symbol of the city's imperial freedom and its right to hold a market. On the right, memorial to the "Bremen Town Musicians"

«Roland der Ries» devant l'hôtel de ville de Brême. Roland était jadis le symbole des villes libres et du droit de marché. – Monument des «Musiciens de Brême»

Das Rathaus der Freien und Hansestadt Bremen, ein Backsteinbau von 1409, dem 1612 eine prächtige Renaissance-Fassade vorgelegt wurde

The City Hall of the free Hansa city of Bremen; originally built in brick in 1409, a magnificent Renaissance façade was added in 1612

L'hôtel de ville de Brême, édifice construit en brique (1409) s'est vu ajouter en 1612 une belle façade renaissance

ACT 2
ACT 2
LONDON

Horten

Bremen: Die Große Halle im Rathaus der Freien und Hansestadt

The Great Hall in Bremen City Hall

Brême: La grande galerie de l'Hôtel de Ville

Bremerhaven, lebhafte Seehafenstadt, bedeutender Fischereihafen und wichtiger Umschlagplatz für den Container-Güterverkehr

Bremerhaven, a bustling seaport, leading fishing port and important container freight terminal

Bremerhaven est un port très animé. Port de pêche important et lieu de transbordement des containers

Die Freie und Hansestadt Hamburg, größte Stadt der Bundesrepublik und wichtiger Handelsplatz des Weltverkehrs

The free Hansa city of Hamburg, the largest city in the Federal Republic and an important trading centre for the world

Ville libre et cité hanséatique, Hambourg est aujourd'hui la plus grande ville de la RFA. C'est en outre une plaque tournante du commerce international

Rechts: Hamburgs Wahrzeichen, der 132 m hohe Turm der St.-Michaelis-Kirche

Right: Hamburg's landmark, the 433-ft Tower of St. Michael's Church

A droite, le signe caractéristique de Hambourg, la tour de l'église St-Michel (132 mètres)

234
22
208T

Rastlos ist das Leben im Hamburger Hafen – immer offen ist das Tor zur Welt

Ceaselessly the ships come and go – the gate to the world is always open in Hamburg harbour

Le port de Hambourg, immense porte ouverte sur le monde, connait un va-et-vient continuel

Die gewaltigen Schleusenanlagen des Nord-Ostsee-Kanals bei Holtenau. Meistbefahrener Kanal der Welt. 99 km lang. 1887–95 erbaut

Wahrzeichen der ehemaligen Freien und Hansestadt Lübeck: das um 1477 vollendete Holstentor

The enormous locks of the Kiel Canal near Holtenau. Built 1887–95 and 62 miles long, it carries more traffic than any other canal in the world

Holstentor, completed about 1477, is a landmark of Lübeck, formerly an independent Hanseatic city-state

Les écluses gigantesques du Canal de la Mer du Nord à la Mer Baltique; construit de 1887 à 1895, ce canal long de 99 km est le plus fréquenté qui soit

Le «Holstentor», porte terminée vers 1477, est l'un des signes distinctifs de Lübeck, ancienne ville libre et ville hanséatique

CONCORDIA DOMI FORIS PAX

736

STEG 5

Kiel, Landeshauptstadt von Schleswig-Holstein, Hafen- und Universitätsstadt, Austragungsort der Segelwettkämpfe der Olympischen Spiele 1972

Kiel, the capital of Schleswig-Holstein, a port and a university town, the scene of the Sailing Events in the Olympic Games of 1972

Kiel est la capitale du Schleswig-Holstein. C'est un grand port mais aussi un centre universitaire; lieu de compétition pour les épreuves olympiques de yachting en 1972

Die 963 m lange Fehmarnsund-Brücke

The Fehmarn Sound Bridge
is 3,160 ft long

Le pont de Fehmarnsund
est long de 963 mètres

Das alte Schleswig an der Schlei mit
seinem gotischen Dom (12. Jahrh.)

Ancient Schleswig on the Schlei
has a 12th-cent. Gothic Cathedral

Surmonté de sa cathédrale gothique
érigée au 12e siècle, le vieux Schleswig
s'étend au bord de la Schlei

Die große Straßenkreuzung bei Rendsburg. Hier unterquert ein 640 m langer Tunnel den Nord-Ostsee-Kanal

The great fly-over at Rendsburg, where the road is tunnelled for 2,100 ft to pass under the Kiel Canal

Un grand carrefour près de Rendsburg. Un tunnel long de 64 mètres a été creusé sous le Canal de la Mer du Nord à la Mer Baltique

Flensburg: Nördlichster deutscher Hafen und bedeutendste Stadt des Landesteiles Schleswig

Flensburg: The most northerly of the German ports and the most important town of the district of Schleswig

Flensburg: C'est à la fois le plus septentrional des ports allemands et la ville la plus importante du Schleswig

„Damp 2000“ – ein 1973 entstandenes Ferienzentrum an der Ostseeküste mit etwa 7000 Betten

"Damp 2000" – a holiday centre on the Baltic coast built 1973 with accommodation for up to 7,000 guests

«Damp 2000». Ce centre de vacances créé en 1973 sur la côte de la Mer Baltique peut accueillir quelque 7000 personnes

Am Südufer der waldumschlossenen Flensburger Förde liegt das 1582–1587 erbaute Wasserschloß Glücksburg mit sehenswerter Inneneinrichtung

The interior of the moated castle of Glücksburg, built between 1582 and 1587 on the south bank of the forest-girdled Flensburg Fjord, is well worth a visit

La calanque de Flensbourg aux belles rives boisées nous offre dans sa partie sud le pittoresque château de Glücksburg, édifice érigé de 1582 à 1587; l'aménagement du château est également très interéssant

Westerland, mit seinem Kurbetrieb und herrlichen Sandstrand, weltbekanntes und vielbesuchtes Nordseebad

Westerland, offering a marvellous sandy beach and sea-water treatment, is a world-famous seaside resort on the North Sea

Avec sa plage de sable fin, Westerland est une grande station balnéaire de la Mer du Nord

Im Hafen von Husum, der „grauen Stadt am Meer"

In the harbour of Husum, the 'grey town by the sea'

Sur le port de Husum, la «ville grise au bord de la mer»

HUS 4

▶

Friedrichstadt, ein verträumtes Städtchen mit altholländischem Gepräge, 1619 von Niederländern gegründet

Friedrichstadt, a sleepy little town with an air of Old Holland, was founded by the Dutch in 1619

Friedrichstadt, petite localité où l'on reconnaît l'influence de la Hollande d'autrefois, a été fondée par des Néerlandais en 1619

◀

Büsum, beliebt als Nordseebad, bekannt durch die Krabbenfischerei

Büsum, a popular North Sea resort famous for its shrimp fishing

Büsum, sur la Mer du Nord, est célèbre pour sa plage et pour la pêche à la crevette

See- und sturmumtobte Nordspitze von Helgoland, vielbesuchte und einzige Felseninsel Deutschlands

Heavy seas and gales rage round the North Point of Heligoland, a popular island and the only German one with a sea-coast of cliffs

La pointe nord de l'île de Helgoland doit affronter continuellement la mer et la tempête. Seule île rocheuse d'Allemagne, Helgoland attire chaque année un nombre considérable de touristes

Die Kirchwarft der eigenartigen Hallig Hooge vor der nordfriesischen Küste

The embanked Church of Hooge, a singular, low island (Hallig) off the North Frisian coast

Le «Kirchwarft» de Hooge, une des îles de la Frise

Kranzler-Eck am Kurfürstendamm, der bekanntesten und repräsentativsten Geschäftsstraße Westberlins

Café Kranzler corner on the Kurfürstendamm, West Berlin's best-known and most exclusive shopping street

Kranzler sur le Kurfürstendamm, l'artère commerçante la plus célèbre et la plus imposante de Berlin

Berlin (West). Am Aufbau dieser vom Krieg so stark zerstörten Stadt kann man ihren ungebrochenen Lebenswillen erkennen. Die Bundesrepublik fühlt sich mit ihr so verbunden, wie es die Berliner mit der Bundesrepublik sind, ja, sogar mit Europa. So steht das „Europa-Center“ nicht nur zufällig an der Gedächtniskirche, es gehört ganz einfach dort hin

Berlin (West). The rebuilding of this war-devasted city clearly evinces its unbroken determination to live. The Federal Republic feels itself as strongly tied to Berlin as the Berliners feel their ties with the Federal Republic and, indeed, with Europe. It is not, therefore, mere coincidence that the Europe Centre stands next to Berlin's Memorial Church (Gedächtniskirche). It is just where it should be

Berlin (Ouest). Des liens réciproques unissent la République Fédérale et Berlin. L'attachement des Berlinois ne se manifeste pas uniquement envers la République Fédérale mais aussi envers l'Europe. Ce n'est donc pas seulement par hasard que l'«Europa-Center» est proche de la «Gedächtniskirche»

Das Schöneberger Rathaus, Amtssitz des Regierenden Bürgermeisters von West-Berlin

Schöneberg Town Hall, the official headquarters of the Lord Mayor and Head of State of West Berlin, a city-state

L'Hôtel de Ville de Schöneberg où siège le maire de Berlin-Ouest

Schloß Charlottenburg, 1695 begonnen, großartigste Verkörperung barocker Machtauffassung und bestes Zeugnis der königlichen Bauten in Berlin

The castle of Charlottenburg, begun in 1695, is the most magnificent embodiment of the Baroque conception of power and is the finest Royal building in Berlin

Le château de Charlottenburg. Entrepris en 1695, il incarne au maximum la conception baroque de puissance. C'est le meilleur témoin des constructions royales de Berlin